成长，
让孩子当主角

柴一兵◎编著

北京工业大学出版社

图书在版编目（CIP）数据

成长，让孩子当主角／柴一兵编著．—北京：北京
工业大学出版社，2013.12（2022.3 重印）
ISBN 978-7-5639-3694-6

Ⅰ．①成…　Ⅱ．①柴…　Ⅲ．①家庭教育　Ⅳ．① G78

中国版本图书馆 CIP 数据核字（2013）第 252211 号

成长，让孩子当主角

编　　著：柴一兵
责任编辑：刘学宽
封面设计：胡椒书衣
出版发行：北京工业大学出版社
　　　　　（北京市朝阳区平乐园 100 号　邮编：100124）
　　　　　010-67391722（传真）　　bgdcbs@sina.com
经销单位：全国各地新华书店
承印单位：唐山市铭诚印刷有限公司
开　　本：787 毫米 ×1092 毫米　1/16
印　　张：14
字　　数：172 千字
版　　次：2013 年 12 月第 1 版
印　　次：2022 年 3 月第 2 次印刷
标准书号：ISBN 978-7-5639-3694-6
定　　价：39.80 元

前　言

　　说如今，父母都很疼爱自己的孩子，总想把孩子捧在手里、抱在怀里，用自己的身躯为孩子遮挡人生路上的风雨。父母往往怕孩子小不更事、考虑不周而喜欢替孩子作选择、作决定，这其实就是一种"过度包办"。长期在这种包办下成长的孩子，他们的自主意识会受到严重抑制，判断能力和选择能力极其低下。久而久之，等孩子长大成人时，即使父母想放手让孩子自己做主，孩子的表现也往往不尽如人意。

　　我们可以理解父母想让孩子健康成长，平安生活的苦心，但不经历风雨，孩子又怎么能茁壮成长呢？我们培养孩子的目的不正是想让他们自食其力、长大成才吗！

　　父母要勇敢摒弃旧的家长观，让孩子真正成为自己人生的主角，让孩子多一些自主选择和决定的机会。孩子更需要的是父母的赏识、放手和支持。

　　孩子在成长中需要来自长辈的赏识，尤其是父母的鼓励和肯定。一旦得到父母的肯定，孩子的内心就会充满喜悦，期望自己有更好的表现以得到更多的赞赏。而且，从孩子内心来说，他们并不需要父母给予多重的奖励，往往一个赞扬的眼神，一个亲昵的动作，一句肯定的话都能让孩子高兴半天，起到明显的激励作用。

1

成长，
让孩子当主角

当孩子作了正确的决定时，父母应支持孩子并督促他为自己的目标去努力，也不要吝啬对孩子的赞美和肯定；而当孩子的决定不妥时，父母也不要急于否定孩子的判断，要站在孩子的角度去思考孩子决定失误的原因，引导孩子作出正确的决定而不是代替孩子去作决定。只要父母真正从心底里信任孩子，敢于放手让孩子自己去选择和决定，相信并支持鼓励孩子，孩子必然会以惊人的成长速度回馈父母。

除了上面讲到的这些方法外，父母还可以从更多的方面入手，让孩子尽早体会自己做"主角"的快乐，以增强他们自强自立的勇气，勇于面对人生的风雨和彩虹。本书从性格、情绪、生活、学习、交际、财富等方面向父母讲述了如何做到正确爱孩子、如何放手让孩子快乐成长的内容。在书中，我们针对父母关心孩子的多种家教难题做了详细的解读，提出了具体有效的解决方法。全书通俗易懂、内容丰富、实用性强，堪称亲子教育的最佳参考读本。

编　者

第一章　勇敢放手，将孩子的成长作为家教的中心

第二章　孩子成长，以完善性格为家教出发点

第三章　爱孩子，就让孩子学会调控自己的情绪

第四章　好父母，让孩子做亲子交流的主角

第五章　独立生活，让孩子减少对父母的依赖

第六章　独立思考，孩子迈向成熟的第一步

成长，
让孩子当主角

第七章　不为成绩烦恼，让学习成为孩子自觉的事情

第八章　让孩子学会经济独立，比拥有更多财富重要

第九章　处世之道，鼓励孩子从家庭迈向社会

第十章　成功教子，父母要有所为有所不为

成长，
让孩子当主角

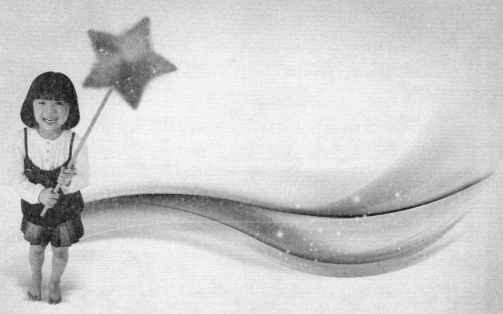

第一章

勇敢放手，
将孩子的成长作为家教的中心

在不少父母的眼中，孩子永远是长不大的。他们不舍得放手让孩子离开自己的身边，去享受大自然，去体验社会生活。其实，父母的这种做法是以自己的所思所想为中心的，不利于孩子的健康成长。提请父母，如果爱孩子就请大胆放手，让孩子更自由地成长吧！

孩子的快乐成长离不开父母的赏识

小爱是一名初二女生，妈妈下午一出门，她就坐立不安地开始在房间里打转。原来，今天是学校开家长会的日子，她不敢想象妈妈回来后会是一副什么表情。

虽然她这次考试成绩还不错，但和上学期相比，还是掉了几个名次，妈妈知道后，一定会不满意的。

果然，晚上八点左右，妈妈回来后，一进家门就板着一张脸把小爱叫到了客厅："怎么回事？这么简单的题你都不会了？"

"不是……"小爱委屈地低下头。考试前一天她复习得太晚，第二天头晕晕的，就填错了几个答案。但她知道妈妈绝对不会接受这样的理由，动动嘴，还是没说出来。

"不是什么？"妈妈啪的一声把试卷扔在桌子上，批评道："你看人家小玲，每次都是年级第一名，嘴又甜，能力又强，你怎么就不能向人家学学呢？"

"又来了！"小爱小声嘀咕道。每次都是这样，不管她考得好不好，妈妈总是把小玲搬出来，把自己和她比较一番。

"你说什么？"

"我说，能不能不要总拿我和别人比？再不好，你的女儿也是我，有本事你让小玲当你女儿去。"小爱干脆大声地喊了起来。

"你这孩子，还学会犟嘴了！"妈妈生气地扬起手，似乎是想打她，犹豫了一下，还是舍不得下手。

孩子在成长中，无论是学习还是生活，出点差错是很正常的，但是有些父母因对孩子抱有较高的期望，总认为孩子可以做得更好，也必须做到最好，一旦孩子无法达到要求，父母就会对孩子进行批评"教育"。殊不知，这时候孩子内心其实也是惶恐不安的。父母的"教育"并没有得到他们的认可，甚至会引来他们的抗拒。那么，父母应如何对待达不到自己预期结果的孩子呢？

有些父母经常有这样的感触："我们的孩子又不比别的孩子少什么零件，怎么就总不如人家呢？你看谁谁家的孩子，比我们孩子还小呢，怎么就那么聪明，那么……"

父母经常在孩子面前谈起某个比较对象，让孩子无形中也开始和外界比较起来，当他们发觉自己可能真的不如别人的时候，自尊心和自信心就会受到打击。

所以，为了孩子身心的健康成长，父母不要总拿别家的孩子和自己的孩子比较。龙生九子，还各不相同呢，每个人都有自己的特长和能力，你的孩子或许也身秉异能呢。

小荷是一名四年级的小学生，是个活泼可爱的漂亮女生，唯有一点，让父母总是替她担心，就是她的记忆力比同龄孩子差一些。背诵课文，每次都是提醒她半天，才勉强能背下来。

"你说怎么才能提高小荷的记忆力呢？"这天，小荷妈妈的大学同学来家里做客，听同学说她家儿子很聪明，什么东西都是一学就会，小荷妈妈就想向人家取取教育经。

"多肯定孩子的成绩，让她变得自信起来。"同学回答道。

"就这么简单？"

"就这么简单！"同学点点头，然后问她："你平时是怎么教育小荷的？"

"让她下次努力啊，总不能因为她背不出来就训她吧。"妈妈很无奈地回答道。

同学嘿嘿一笑，说道："我一猜就是你的问题。"

"我做错了？"

"当然错了。"同学很肯定地说道："孩子记忆力差，其实有时候也是自信心不足的表现。因为父母总是皱着眉头看她，就像是她又记错了一样，在这种情况下，谁还能觉得自己记忆中的东西是对的？"

"那该怎么办？"

"多肯定孩子的行为。比如，背诵课文的时候，不要说她哪里错了，而是称赞她哪里做得好。"

"你的意思我明白了……"妈妈点点头。

改变教育方法后，妈妈发现小荷的记性确实逐渐提高了，三个月后，她已经不再为孩子背课文而烦恼了。

孩子在成长中需要来自长辈的赏识，即父母的鼓励和肯定。一旦得到父母的肯定，孩子的内心就会充满喜悦，期望自己有更好的表现以得到更多的赞赏。而且，对于孩子来说，他们并不需要父母给予多重的奖励，往往一个赞扬的眼神，一个亲昵的动作，一句肯定的话都能让孩子高兴半天，起到明显的激励作用。

父母学会放手，孩子才能学会独立

今天是周末，一大早小芸就和同学出去玩了。自从小芸出去后，妈妈就坐立不安，一会儿趴到窗台上看看楼下有没有小芸的身影，一会儿又走到电话机旁犹豫要不要给她打个电话问声平安。

直到家里的电话铃响起，一接是小芸打来报平安的，妈妈才放下心来，松了口气安心地坐到了沙发上。

"和你说了不会有事的，她都12岁的人了，早独立了。"看报纸的爸爸抖抖报纸抬头看向墙上的钟表，说道："哟，都十一点了，该做饭了。"

"饭！哎呀，刚才忘了问她午饭怎么解决，我说要给她煮几个鸡蛋，她非不要，在外面吃坏肚子怎么办？会不会干脆就不吃了，饿着肚子要受罪的，还是……"

"孩儿他妈，你就别担心了，她还能让自己饿着？"爸爸听不下去了，打断小芸妈的话一本正经地说道："不是还有好几个同学嘛，只是出去玩一天，有什么好担心的。"

"你就一点不担心？芸芸可是你亲闺女。"妈妈被他说得心里有点难受，自己的女儿，自己担心一下怎么了？

"我不是不让你担心，只是别太过分，现在她也长大了，咱们该放手，还是放手吧，这叫放养教育。"

对爸爸的话，妈妈一点也不赞同，反而生了一肚子气，中午饭都没吃好。

故事中，妈妈就是对孩子太过疼爱而不舍得放手，导致孩子在外玩得不尽兴，自己也坐卧不安，最后在爸爸的开导下，才意识到随着孩子年龄的增加父母要学会放手才行。放手，也就是放养，就是把孩子送到更大更宽的环境中发展，不再把孩子"关"在家庭、学校里。让孩子多接触外面的世界，给孩子充分的自主行动权，让孩子在"放养"中学习为人处世之道，建立起自立自强的良好性格。

但是，很多父母总把孩子当成自己的宝贝，总想把孩子捧在手里，抱在怀里，为孩子遮风挡雨。我们可以理解父母想让孩子健康成长的苦心，但不经历风雨，孩子又怎么能茁壮成长呢？

现如今，很多父母都和故事里的小芸妈妈一样，孩子一出门就开始担心，甚至孩子独自在家也不放心，怕孩子玩一些危险的东西，出现什么意外等。

其实，父母完全不必如此担心，十多岁的孩子已经有了较强的判断力和自我保护能力，什么东西有危险，什么东西是他不该接触的，孩子都已经大致了解了。孩子在父母或朋友的提醒或帮助下，大都能远离那些不安全因素。

如果父母在担忧的心理下，经常干涉孩子的自由，或者对其进行强力管制，反倒会让孩子感到自己受到了家长的束缚，久而久之就会产生逆反心理，或者变得毫无主见。

所以，父母在叮嘱孩子一些需要注意的内容，以及给予适当的帮助后，就放手让孩子自己去玩耍去学习吧。

儿子今年14岁了，但性格有些软弱，独自一人在家的时候，甚至连饭都不会做，爸爸妈妈很担心儿子继续这样下去，根本不可能一个人生存下去。

这可怎么办呢?

正巧，儿子的表弟乐乐这两天来家里玩，虽然比儿子小一岁，但独立、坚强，让儿子羡慕不已。

爸爸见儿子十分羡慕健谈活跃的表弟，便问乐乐："你会做饭吗?"

"会啊。"乐乐很肯定地回答，还一脸自豪地说道："我还会钻木取火呢，不过并不是每次都能生出火来，嘿嘿。"

"真能干。"妈妈由衷地称赞着，多希望自己的儿子也能这么能干啊。她心里想着，便好奇地问："你爸爸妈妈是怎么教育你的，把你教得真好。"

"这可不是他们教我的，是我和朋友们一块儿钻研出来的。"

"啊? 怎么钻研的?"儿子终于开口了，明显兴趣十足。

"当然是和朋友们一块出去玩啊，咱们这儿玩遍了，就去外地玩，哪好玩去哪。"乐乐扬扬得意地说道。

"你和朋友们一起? 可你才13岁，自己出去你爸妈放心吗?"

"刚开始他们也不放心，第一次爸爸和我一起出去的，他见我自己能应对不少意外情况，就放心了，再出去的时候就不怎么担心了。"乐乐说得很开心，又讲道："通过出去玩，我真的学到不少本领，自己的事情也能打理了，完全不用爸妈操心，他们可高兴了，说我终于长大成人了，就算独立生活也完全不会为我担心了……"

听着这席话，爸爸妈妈深有感触，不等乐乐讲完，便激动地走上前去，握住乐乐的手说道："下次，也带你哥哥出去玩吧。"

在父母的眼中，觉得外面太不安全了，他们不敢放手让孩子离开自己，去享受大自然，去体验社会。其实，家长的这种担心有些过虑了。在教给孩子如何应对各种危险后，可以逐步放手，让孩子慢慢地多接触社会，逐渐独立起来。比如旅游就是不错的方法，从最开始的让孩子在自家附近的社区游玩、在城市里逛逛，再到附近城市，逐步扩大范围。家长可以和孩子一起讨论游玩的体会，及时总结经验，既能教会孩子保护自己，还能让孩子零距离了解社会，体验生活。

疼爱孩子就珍惜孩子的率真吧

一位年轻妈妈带着5岁的儿子去逛街，途经一家品牌服饰商场，她便停下脚步，思量着要不要进去逛逛。这时，儿子突然指着商场大楼外的一个巨幅广告牌喊："谁找你！"

年轻妈妈听着很奇怪，便蹲下来问儿子："宝贝儿，你在说什么？谁在找我？"

儿子继续用一只手指着广告牌，另一只手拽了拽妈妈的衣服说：

"妈妈你看，就是那上面写的——谁找你！"

年轻妈妈将目光投向儿子所指的地方，这才明白原来所谓的"谁找你"，是广告牌上写的品牌名称"雅戈尔"。

发现儿子读错字，这位妈妈立即捂住儿子的嘴说："哎呀，错了错了，那是雅戈尔，不叫'谁找你'。"说完，她还四处打量了一下，看看周围有没有人注意到他们。原来，她是怕儿子给她丢脸，毕竟她也是个有学识的高级白领。

其实，这位年轻妈妈大可不必因为孩子认错字而觉得丢脸。孩子虽然认错字，但他却十分率真。他能大胆讲出自己看到的事，这份勇气实在难能可贵。如今的社会中，又有几个孩子能像他这样单纯、率真？

现实生活中，越来越多的孩子正在受"早熟"的折磨，小小年纪的他们张口就唱大人腔，文字语言成人化的趋势已很难改变。比如，许多孩子在平时讲话或写作文的时候，都会用到当下流行的个性网络语言，像"MM"（美眉）、"大虾"（大侠）、"7456"（气死我了）等，都备受青少年推崇。

随着年龄的增长，孩子渐渐成熟起来，这本无可厚非。可孩子因为受社会、学校、家庭等不同环境的影响，渐渐变得圆滑起来。他们的心可能已不再单纯，他们已很难在生活中率性而为，他们或许再也不会拥有率真的童年。

然而，一个人若失去了自我，无法显露真性情，那么他的人生会是暗淡无光的。古往今来的许多成功者，他们虽立足于不同领域，有着不同的业绩，但却有着共同点，那便是保持质朴、率真的个性。

所以，无论是为了孩子的快乐童年，还是为了他将来的成功人生，家长应从小培养孩子率真的性格，让孩子以真性情示人，做最真的自己。

让孩子在画画中享受童趣并自由想象。日本人十分重视对孩子率真个性的培养，还充分利用画画，让孩子体验色彩、自由作画，并鼓励孩子表达自己内心最真实的想法。在日本的许多幼儿园、小学里，当学生画完画后，老师们并不会对其画作横加评价，而是小心翼翼地将其悬挂、张贴在墙上，让孩子们自由欣赏并讨论。他们这样做，是为了反对以往教育中出现的功利性现象，还孩子一个率真的童年，让孩子在自由作画、自由欣赏、自由评价的过程中充分表达对这个世界最真实的看法与理解。

以往的美术教育中，当孩子画好画后，老师常常会以同一个标准或自己的喜好来评价这些画，如"这副画最好"、"这张很干净，我喜欢"、"这一副乱七八糟，我不喜欢"等。这就难免会打击大多数孩子的自信心，让他们不敢再通过画作表达自我、展现自己的率真。

所以，家长可效仿日本学校的做法，让孩子自由地作画，给他们自由想象的空间，而不是为其创作套上各种条条框框。

一日，胡女士陪7岁的女儿小爱一起做知识竞赛题，其中有一道题是"中国的四大发明是什么"。胡女士刚读完题目，小爱就兴奋地举着手说："我知道，妈妈，我知道！"

胡女士问："是吗！那么，你来说说是哪四大发明呢？"

小爱认真地说："是造纸术、指南针、火药，还有印刷术。对吗？"

胡女士笑着点点头，又问："那小爱知道它们分别是谁发明的吗？"

"我知道，是曹操发明了造纸术。"小爱想都没想就喊出了这一句。

听到小爱的这个答案，胡女士有点尴尬，她愣了几秒说："宝贝儿，你是从哪里知道曹操发明造纸术的？"

小爱想了想说："是听班里一个同学说的。"

"哦，是这样啊！宝贝儿，你经常向同学请教问题，虚心向他们学习，这是个很好的习惯。不过呢，我记得发明造纸术的人叫蔡伦。当然了，我也可能是记错了，你再向老师确认一下好吗？"胡女士没有批评小爱答错问题，而是用温和的语气对她说。

小爱这才知道自己说错了，但妈妈的这些话并没有让她觉得丢面子，她答应道："嗯，好，明天去学校我就问老师。"

很多时候，孩子表现出率真时，可能会因缺乏知识经验等而说错话、做错事。这时，如果家长毫不留情地批评、指责孩子，渐渐地，孩子会没有勇气表达自己的心中所想。

所以，家长在和孩子说话时，也要注意照顾到孩子的"面子"，给他自我改错的机会。

父母的信任是孩子自律的最大动力

父母在培养和教育孩子的过程中，经常会出现对孩子管得太多太严的现象。由于不相信孩子能管得住自己，父母经常对孩子呵斥和命令，甚至明确规定哪些事情能做，哪些事情不能做。年幼的孩子自控力差，父母管束也合情合理，但随着孩子的不断长大，父母若还是一味地强行干涉，就很难让孩子养成自律的习惯。缺乏自律的孩子，往往易受到外界各种因素的干扰，很难专注完成某件事或达到某个目标，这对孩子的一生都会有着重大的影响。

"妈，晚上我想跟同学去广场看演出。"秀秀对正在看电视的妈妈说。

"不准去！女孩子家晚上出门多不安全！"妈妈呵斥道。

"我又不是自己出去，和班里好多同学一块儿去，夏天这么热，你让我待在家里干嘛呀？"秀秀希望妈妈能同意自己的请求。

"你要去我和你一起去。"妈妈冷冷地说。

"妈，我知道你是为我好，但我们一帮同学呢，你去算怎么回事嘛！"

"是男同学还是女同学？"妈妈突然转移话题。

"有男有女啊，怎么了？"

"有男生更不能去！现在的小男孩太早熟了，太坏了，你不准跟他们一块玩儿！"妈妈变得严肃起来。

"妈，你想多了，我们才上初中，没你想的那么复杂，再说我们同学也没你说的那么坏啊，妈，你电视看多了吧！"

"反正不能去！"妈妈态度很坚决。

"我九点准时回家不行吗？"秀秀哀求道。

"不行，跟你说不让去就不能去！"

"妈，你太独裁了！"秀秀转身气冲冲地跑进了自己的房间。

强行管教孩子，特别是管教处于青春期的孩子，只会让他们更加叛逆，即使孩子妥协，也是暂时的。随着孩子阅历的逐渐增加和心理的逐渐成熟，好与坏、对与错都会在他们心中有一个评判的标准。父母需要做的是帮助孩子确立这些标准，引导孩子走上自我管理的道路，给孩子充分的自由，培养孩子自律的习惯。

自律是人的一种基本品质，是人的一种自控能力。自律可以避免我们做事时的冲动，也可以激发我们做事的勇气。拥有良好自律能力的人，往往会把生活和工作安排得井井有条，而缺乏自律的人则经常拖拖沓沓、一事无成。高尔基曾经说过，"哪怕对自己一点小的克制，都会使人变得强而有力"。所以，智慧的父母应注重培养孩子的自律能力。

父母在培养孩子的自律能力时，要相信孩子能管理好自己，给孩子自信，然后引导孩子自我控制和调节，通过不断强化正确的价值观来帮助孩子确立是非标准；在培养过程中，父母要有耐心，不能因为孩子一两次没有控制住自己就对孩子失去信心。自律意识的培养本身就是一个长期的过程。另外，父母还要教会孩子自我反省，反省可以强化自律，做到勇于自我批评，能更好地控制和修正自己的行为，从而做到真正的自律。

"儿子，你是不是学会抽烟了？"爸爸问晓强。

"没有啊，你听谁说的？"儿子显得很慌张。

"你班主任说下午在操场逮到你抽烟了，是不是？还跟爸爸撒谎？"

"哦——爸爸我错了，是小琼让我抽的，真的是第一次，我怕您说我所以……"晓强明显意识到自己做得不对，很是心虚。

"爸爸大概在你这个年龄时也接触到了烟，不怪你，但你要学会控制自己。"

"现在我们班有好几个抽烟的小孩儿，他们觉得抽烟很帅，能吸引女孩的注意。"晓强见爸爸没有想象中那么生气，就和爸爸聊了起来。

"其实他们想错了，女孩大多都不喜欢男孩抽烟的，即使喜欢的也不是什么好女孩，你说对吗？"

"爸，我知道抽烟不好，我以后再也不抽了！"晓强肯定地对爸爸说。

"其实你心里并没有觉得抽烟不好，对吧？只是为了敷衍爸爸是不是？"爸爸仿佛看穿了晓强的心思。

"有一点……"晓强承认道。

"这样吧，儿子，你去拿张纸，咱们把抽烟的好处和坏处都写下来再决定"

晓强兴冲冲地跑去拿了纸和笔，父子俩趴在客厅桌上开始了抽烟好坏的比较。

"爸，没想到抽烟坏处这么多啊？好处我竟然说不出来几个。"儿子皱着眉说道。

"儿子，你现在看得很清楚，接下来要怎么做你也清楚了吧？"爸爸慈祥地笑着。

"我知道应该怎么做了。以后再遇到问题我也用对比法就能看得很清楚，谢谢老爸！"儿子开心地说。

"这就对了，都这么大的孩子了，要有自律意识，不要跟风，好的坏的需要自己去分辨，爸爸相信你能做好！"

父母能如此明智地引导孩子去认识对与错，耐心地帮孩子分析问题、真正走进孩子的心里，就一定能给孩子深刻的启示，让孩子自然而然地接受良好的生活习惯，在平常生活中逐渐养成自律的好习惯。从小培养孩子学会自律，不仅能使孩子有效地控制自己的行为，还有利于孩子更清楚地认识社会，建立自己的荣辱观，从而更有利于孩子全身心地投入自己的学习和生活中去。

心理学大师威廉·詹姆斯有过这样的名言：播下一个行动，收获一种习惯；播下一种习惯，收获一种性格；播下一种性格，收获一种命运。懂得教育的父母，常常会把一颗颗好的种子，如爱的种子、自律的种子、信任的种子等撒在孩子的心里，让它们在孩子的成长过程中享受阳光雨露的润泽，接受狂风暴雨的洗礼，不断地生根发芽，从而开出自信、漂亮的花。

摒弃爱的专制，帮助孩子找回自我

如今在很多家庭中，孩子是独生子女，是父母的掌上明珠。父母也将所有的希望和爱倾注在孩子身上。于是有的父母为了让孩子少走弯路，就为孩子安排好了一切，无意识中让孩子生活在父母的专制之下。在专制型的家庭中，什么都是父母说了算，家长是绝对的权威。父母常常以自己的想法要求孩子，孩子只能无条件服从，否则就会遭到责骂或惩罚。而长期生活在专制教育下的孩子，其内心也是痛苦的。

今天，雯雯和妈妈又吵架了。

雯雯放学回来，先弹起了钢琴。

"谁让你先弹钢琴的！作业做完啦？"妈妈质问雯雯道。

"没，我先弹钢琴不行吗？弹一个小时再做作业吧。"雯雯小声地说。

"不行，先做作业去！作业重要，考试又不考钢琴。"妈妈说。

"考试又不考，那你为什么还逼我学呀？学了又不让我自己弹……"雯雯不高兴地顶嘴道。

"你这孩子怎么这么犟呢！我还不都是为你好，你去不去，不去看我不打你……"妈妈扬起了手。

"你打呀，你打呀，打死我算了！"雯雯说。

结果，妈妈就打了雯雯一巴掌，"叫你不听话，快去，写作业去！"

雯雯伤心地哭了，在妈妈的逼迫下只好乖乖地去写作业了。可是雯雯心里充满了对妈妈的埋怨：妈妈，你就是个暴君，什么都是你说了算，你从来都不在乎我的感受，我讨厌你！

妈妈是爱雯雯的，只是这种爱却在无形中伤害了雯雯。妈妈完全不考虑雯雯的想法，而是替雯雯安排好了一切，这是一种专制型的爱。父母这种爱孩子的方式，其实是自私的。他们以自己的权威命令孩子，完全忽视孩子的感受，这其实是不尊重孩子独立人格的一种表现，自然伤害了孩子。

其实，父母以专制的方式管教孩子，也是出于爱孩子的缘故，只是这种爱走向了一个极端。父母并没有真正站在孩子的立场看问题，他们不了解孩子的真实想法，不懂得孩子的感受，只是一厢情愿地把自己的意志强加给孩子，限制孩子自主选择的自由，这对孩子的成长是不利的。

教育家帕萃斯·埃文斯说过："如果我们总'接受'别人对自己的定义，就会相信他们的评价更真实。通过别人的观点来认识自我，这种从外在因素认识自我的逆向方式，只能使自己对自我的认识更加模糊。"在这种专制环境下长大的小孩，会渐渐习惯以父母的意志为中心，遇事缺乏独立的自我判断，久而久之，面对新事物就会唯唯诺诺，凡事想依赖别人。一个没有自己想法的人，渐渐就会迷失自我。所以，父母在管教孩子的时候，将自己的感受强加给孩子，替孩子大包大揽的做法，其实对孩子是不利的。父母应该给予孩子发言的机会和自我选择的权利。

父母在与孩子相处时，首先应在乎孩子的感受，尊重孩子的意愿。父母不应该一味地强迫孩子，而应该考虑到是否有利于孩子的健康发展。对于孩子厌烦的事情，父母不要强迫他们去做，如果父母认为某些事情确实很有必要，那么也要耐心地引导孩子，说服孩子愉快地接受，而不是以"高压政策"逼孩子去做。

另外，许多青春期的孩子有叛逆心理，对于父母交代的事情，他们难免不愿听从，甚至有的还会和父母顶嘴。这时候，父母要保持平和的心态，不要压制孩子的发言。当孩子辩解时，父母应该真诚地去倾听孩子的理由，并且加以具体分析，不要凭主观臆断或一面之词而妄下结论。当然，有的孩子比较内向，喜欢将不满藏在心里，不愿说出来。这就要求父母平时多察言观色，主动和孩子交谈，了解孩子的想法，才不会将孩子无声的抗议误认为赞同。

学校要组织攀岩活动，家里为此召开了一次家庭会议，谈论成成应不应该参加。

成成说："爸爸妈妈，我想去参加学校组织的户外攀岩活动。"

爸爸说："攀岩是一个挺危险的项目，儿子，你不怕吗？"

成成回答道："爸爸，我不怕。"

"嗯，如果不怕的话，去参加一下，这倒也是一次锻炼胆量的好机会。"爸爸继续说道，"但是，你要做好准备，攀岩需要有足够的体力和坚韧的毅力。"

妈妈说："我不同意成成参加。攀岩太危险了，万一摔下来，摔伤了怎么办，不但影响身体健康还会耽误学习，这太危险了！"

成成说："妈妈，不会的，攀岩活动有很完善的保护措施，不会出问题的。我想通过这次活动来磨炼自己的意志，男子汉就应该勇于挑战。"

"对呀，都有安全措施的！很安全。而且，让孩子去锻炼锻炼，对身体也有好处！"爸爸劝妈妈说。

"嗯，那好吧。那我也同意。可是儿子，你可得答应妈妈，一定要注意安全哪！"妈妈关心地叮嘱道。

"哇，爸爸妈妈，你们太好了。"成成开心地说道。

鲁迅先生说过，"不在沉默中爆发，就在沉默中灭亡"，其实，孩子也是如此，如果长期处在父母的专制教育之下，不是愈加的反抗父母的专制，就是在压抑之下迷失自我。这就启发父母，在管教孩子时，要从内心相信孩子，并且不断地鼓励孩子，赋予孩子自我发展的权利，这才是真正的爱孩子。

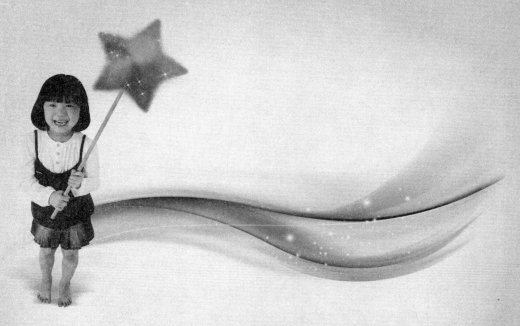

第二章

孩子成长，
以完善性格为家教出发点

在生活中，父母不但要照顾孩子的衣食住行，还要帮助孩子了解自己的性格，并学会弥补他们的不足。孩子从小就会展现出自己的性格特点，而他们自己对此并不清楚，只是在随性地发展着。这时，如果父母能及时介入，用他能理解的话鼓励他，会对完善其性格有较好的帮助。

别让父母的不良性格影响孩子

父母不仅是孩子的第一任老师，也是对孩子性格有深刻影响的重要人物。我们常说："龙生龙，凤生凤"，其实就是这个道理。什么性格的父母，教育出来的孩子也往往是相同的性格。就像英国前首相撒切尔夫人一样。她就是在父亲的影响下，一步步走向成功的。

撒切尔夫人的成功并非偶然，她在其父的帮助和培养下，形成了和父亲相似的坚韧性格，最后将自己的性格优势发挥得淋漓尽致，为她日后的成功奠定了坚实的基础。心理学家研究发现，在家庭中，父母的性格对孩子性格的形成有着非常大的影响，如不善言谈的父母，其孩子在语言方面往往也不很擅长；性格开朗的父母，其孩子也甚少出现忧郁、内向等性格。因此，在生活中，父母一定要了解自己的性格，不要让自己的不良性格影响到孩子，并将优秀的方面展示给孩子，鼓励孩子像自己一样发挥所长，弥补不足之处，逐渐塑造孩子的良好性格，让孩子变得坚强、独立、勇敢。

不过，很多时候大部分父母不知道自己何时将一些不良性格表现在了孩子面前，这时候怎么办呢？相关专家说，这种时候，夫妻双方可以互相提醒，将自己优秀的一面展现给孩子。

李先生是一家企业的管理干部，今年30岁了，有个5岁的儿子，平常父子俩很亲昵，这让李先生很自豪。

有一段时间，因为工作不顺利，李先生接连被领导批评几次，奖金也被扣了一些，这让他心里很不舒服，回到家里也会发发小脾气。后来，他的工作难题解决了，走上正轨了，但是发现儿子的脾气大了不少，一不如意就摔东西，还口吐脏话，这让李先生大为吃惊：儿子这是怎么了？

妻子叹一口气，郁闷地说，"还不都是你教的！""我教的？"李先生不解。妻子解释说，"这一个月来，你在家发了好几次火，还摔了东西，我不跟你计较，但儿子学会了你的毛病。"妻子说。

李先生听后，不由头疼起来，这孩子学好不容易，学坏可真快啊。

家是温馨的港湾，也是一家人自由的天地，在家里，夫妻尤其是丈夫，往往会更随意自在，在享受温馨的同时，却常忘了在孩子面前要"有所为有所不为"。如不说脏话，不乱发脾气，养成好的生活习惯，等等。毕竟几岁的孩子分辨力还很弱，在他们的眼里，父母是最亲的也是对的，在模仿父母的行为时，一些不良的习性也会学到。

父母要帮助孩子认识自己的性格，找出不足，并学会弥补不足。孩子从小就会展现出自己的性格特点，而他们自己对此并不清楚，只是在随性地发展着。这时，如果父母能及时介入，用孩子能理解的话鼓励孩子，会对其性格发展有较好的帮助。比如，当父母发现自己的孩子比较有耐心，能安静地玩复杂的拼图游戏时，可以鼓励地说："宝宝真厉害，这么大这么难的拼图都完成这么多了，妈妈为你自豪呢！"当发现孩子能说会道时，父母可以这么鼓励他："我们的宝宝是个很棒的演说家，大家爱听你的演讲，要加油哦！"

俗话说"玉不雕不成器"，无论孩子表现出了明显的性格优点还是缺点，父母都要适当安排孩子加强锻炼，以更好地完善孩子的性格。

慢养，让孩子的性格更完美

慢养是著名教育学家黑幼龙先生提出的一个家教理念，其含义是孩子是慢慢长大的，他们无论是智商还是情商的培养，无论是知识的学习还是为人处世能力的积累，都是一个渐进的过程。其良好性格培养也是需要父母长期的坚持才能取得成效。

王美霞很疼自己的女儿，好吃的，好用的，好玩的，只要看到就会买来送给女儿，她认为这是对女儿好，想让她过得幸福一点。但结果却并不是这样。女儿的欲望越来越大，只要是想要的东西必须要得到，否则就开始哭闹。

慢慢地，王美霞觉得不能再这样惯着女儿了，她马上搜索了一大堆纠正孩子不良性格的方法，打算全部用在女儿身上，可结果却不尽如人意。哄过、劝过、道理讲过，但在女儿身上全没效果，王美霞顿时感觉女儿这辈子算是要毁了。

愁容满面的王美霞实在是心烦了，就去找好朋友请教。朋友家的女儿和王美霞女儿一样大，但却乖巧懂事，让王美霞着实羡慕。

王美霞对朋友讲完事情的大概经过，朋友对她说："俗话说滴水穿石，非一日之功。你女儿性格不好也是被你慢慢惯出来的，想改正过来，也得慢慢来。"

"慢？我怎么慢得了，我急都急死了，她天天在家里要东西，和我闹，我快要受不了了。"王美霞痛苦地叹息一声，头一仰，躺倒在沙发上闭上了双眼。

"那没办法，当初你那么宠孩子的时候，怎么没想过快一点，对她的要求甄别对待呢？既然当初没那么做，现在你就必须得慢慢养，把孩子的性格纠正过来。"

"慢慢来，真的可以成功？"王美霞有些怀疑。

"那你就试试看呗。"朋友笑呵呵地冲她眨了眨眼睛，最后叮嘱道："对了，慢养一定要有耐心，不能坚持一两天没效果就又开始急了，要给孩子一个逐渐适应的过程，操之过急，只会起反作用的。"

"知道了，老师大人。"虽然王美霞的心情还是不太好，但她想回去试试朋友介绍的这个教子法。

在孩子的性格培养中，父母不宜对孩子的过错过度重视，也不必担忧孩子和坏朋友交往等不良行为，不能根据孩子小时候一时的问题就否定他日后取得成就的可能性。父母在教育孩子的时候，不要只求一时的效率和成绩，要重视孩子的性格培养，不能因一时的心急，而让孩子对父母及自己的能力产生怀疑，使孩子的性格变得扭曲。

现在，确实有不少父母在教育孩子的过程中，存在着追求学习成绩，要求孩子多才多艺等急功近利的现象。这和整个社会功利氛围浓厚、人心浮躁、相互攀比有关。不少父母都担心自己的孩子输在起跑线上，所以人家孩子有的我们也要有，人家孩子擅长的我们孩子也不能弱了。同时，父母还常常将自己的喜好、未竟的理想也寄托在孩子的身上。殊不知，孩子的成长过程和小树苗一样，过早地在其身上放上重担，只会将其压弯，使其无法更顺利地成长为参天大树。因此，为了孩子的光明未来，父母们还是少一点功利心，多一点耐心为好。这就需要父母对孩子学习成绩的起落不必过于在意，并放宽对孩子的各种要求。

很多孩子在小的时候都会有英雄情结，想努力表现自己，想在人前突出，于是就会有一些反常的表现，可能会令父母感到十分头疼。比如，孩子的学习成绩一塌糊涂，整天和一帮不务正业的社会混混在一起，打架斗殴，不服管教，很多父母都对这样的孩子头疼不已。要么弃之不管不问，要么对其进行非常严厉的管教。但是，父母不能以当下的表现来评价孩子。爱玩、爱闹是孩子的天性，只要父母慢慢引导，孩子总会认识到自己的错误，逐渐扭转自己的性格走向。

著名的教育学家黑幼龙先生在面对儿子的叛逆行为时，既没有不管不问，也没有打骂孩子，而是认为孩子犯错误更多的是出于好奇和尝试的心理，并非天生"坏坯子"。他让孩子知道只要知错能改，父母永远爱他支持他，相信他不是坏孩子，更不会因他小时候的错误就认为他以后也是社会渣滓。在黑幼龙的长期教养下，儿子后来取得了惊人的成就——三十岁就当上了华盛顿大学医院的副院长，被传为一时佳话。可见，孩子的可塑性很大，父母切不可以孩子目前的失败和问题就否定他的未来。

父母要学会尊重和包容孩子，无论孩子的年龄大小，父母都要给予充分的尊重，让他体会到真正受到成人重视的快乐。同时，父母要能对孩子的兴趣、志向、想法抱有尽可能的包容，在条件允许的范围内，尽量满足其合理要求，给孩子创造一个自由发展的空间，让孩子学会自己了解自己，并培养自己的良好性格。

内向孩子PK外向孩子

有些父母认为，性格内向的孩子肯定会比外向的孩子容易吃亏。比如，同一个机会摆在两个孩子面前的话，内向的孩子可能会因为性格的原因而无法开口索要这个机会，但外向的孩子就不同，他可能会主动开口，三言两语就把这个机会拿下来了。

虽然听起来很有道理，但其实性格内向孩子和性格外向孩子的机遇是相等的，内向的孩子同样也有大展拳脚的机会。

王永光和田新不仅住在一个小区，还是同一所中学的同学，虽然两个人是好朋友，但性格却截然相反。王永光比较内向，和熟人说话都经常脸红；田新则比较外向，就算是刚认识的新朋友，也能马上闹成一团。

王永光妈妈经常对王永光说："你就不能向田新学习一下？你看人家多会说话，见人就喊叔叔阿姨，多招人喜欢，再看看你，整天低着头像个闷葫芦，以后到了社会上，可怎么办啊。"对妈妈的这番言论，王永光经常是低头不语或者是装作没听到，该怎么样还是怎么样。

而在田新家，田新妈妈也有烦恼，这田新太自来熟了。就连遇到个陌生人，也能热情地交谈起来，虽然这样的性格对他日后的交际很有好处，但对现在的他来说，还是缺少警惕性，万一哪天遇到坏人怎么办！

这天，王永光妈和田新妈在楼下相遇，两位母亲都在为孩子的性格发愁，便坐到一起交谈了起来。

"如果田新的性格能收敛一些就好了，我真担心他哪天把坏人当成好朋友领回家。"田新妈担忧地说道。

王永光妈也叹了口气，说："如果有可能，我倒希望王永光变成田新那样的性格。不管怎样，起码他的社交不会出现问题，可你看我们家永光，和家里人说话都怯怯的，这么内向，以后怎么适应社会上激烈的竞争环境？"

"唉，要是两个孩子的性格能中和一下就好了。"田新妈皱起了眉头，苦笑着。

"是啊。"王永光妈附和道。

人的性格是各不相同的，但大体可分为内向和外向两种。故事中的王永光，就属于内向性格，易害羞、胆怯、不善与人沟通；田新则属于外向性格，爱玩爱闹爱交朋友，善与人打交道。

一般来说，外向性格的孩子交友广泛，更容易得到朋友相助获得成功，于是有些父母发现孩子比较内向后，就开始担心，怕他输在性格上。

其实，父母大可不必过分忧虑。据相关专家研究，其实性格内向的孩子并不会完全输给性格外向的孩子，在很多领域，甚至是内向性格的人更易获得成功。

人们有一部分性格是天生具有的，尤其是内向性格，大多与生俱来，而后天的生活环境则影响着孩子的性格走向。但不管是哪种性格，想要孩子在未来获得成功，父母应该做的是锻炼孩子的思维能力，即让孩子多思考。

学校开家长会的时候，王永光妈专门向王永光的班主任请教，"我家王永光又胆小又不爱说话，该怎么让他变得外向点呢？"班主任微笑着回答她："虽然王永光比较内向，但他肯动脑子，学习好，动手能力也不错，不用特意改变，日后肯定能在社会上取得成果的。"有了班主任这个评价，王永光妈便放心了，总觉得即使是这样的性格，永光也能在未来路上走得一帆风顺。

所以说，思考对于孩子成功与否真的很重要。肯动脑子的孩子懂得审视自己，找到自己的优势，会扬长避短。只要能通过自己的思考找到性格的平衡点，不管是内向性格还是外向性格，都能获得成功。

父母不要总担心孩子性格不好，怕影响他未来的前程。要知道，有性格的孩子才有特点，总有一个领域需要他这样的人才，总有一天他会得到认可，获得成功。所以，父母不要总盯着孩子的一个方面，应尽可能全面地看待孩子，了解孩子的短处，更应看到孩子的长处。

他，17岁轻松地考上清华大学物理系，22岁考取李政道奖学金赴美留学，29岁在美国麻省理工学院获得博士学位，34岁创办国内三大网络公司之一的搜狐。这个像天才一样的人就是搜狐CEO张朝阳。

他在自我剖析时曾这样说："我是个比较沉默寡言的人，很内向。"

确实如此，在2000年"西湖论剑"的一张照片上，我们看到张朝阳拘谨地站在一群靓女之间，两手下垂，似乎不知道该往哪儿放，像个害羞的邻家大男孩一样，看起来确实有些内向。但就是这样内向的一个人，却通过自己的努力，一步步获得了成功。

其实，每个人的性格会随着时间、空间的改变发生一些改变，我们熟知的拿破仑，小时候的性格也是十分内向，让人无法把他们和成功、伟人等词汇联系在一起，但长大后的他通过自己的努力，不再对交流恐惧，性格发生了改变，就是这一点改变，让他个性突显，最终走出了属于自己的非凡人生之路。

自信是赶走自卑的一剂"良药"

自卑可以说是一种心理缺陷，也是儿童常见的问题之一。有自卑心理的孩子会有诸如害羞、不安、内疚、忧郁、失望等情绪体现，如不及时调控，会给孩子带来很大的危害。

心理自卑的孩子一般有以下几种表现：不敢跟人打招呼，不敢大声说话，过分内向；做事没有主见，喜欢说"我不会"、"我不行"；不参与学校的竞赛，不敢在他人面前表现自己；胆小怕事等。

杨盼盼今年10岁了，和别的孩子比起来，总是缺少那么一些自信，不管做什么事情，都显得有些自卑，认为自己什么也做不好，总是不如别人。

"杨盼盼，晚上张叔叔来咱们家玩，你不是学会吹笛子了吗？到时候吹给张叔叔听听，张叔叔一直很想听你吹呢。"杨盼盼放学回家后，听到爸爸这样对她说。

盼盼马上摇头，很不安地回答道："不行啊爸爸，我，我还没学会，吹不好呢。"

"没关系，你张叔叔又不是外人，不会笑话你的。"爸爸说完，就帮妈妈去厨房准备晚饭了。

杨盼盼越想越不安，越想越觉得自己不可能做到，几步跑回房间，把自己锁进了房间里。当张叔叔来的时候，她是忍着逃跑的心思，缓缓地移到饭厅的。

吃好晚饭，杨盼盼就想马上"消失"，回自己房间，却仍是被妈妈叫住了。

妈妈说："来，给你张叔叔表演一段。"

"我，我不会……"杨盼盼颤声回答。

"你们老师说你学得很好，怎么不会呢，别担心，我们会为你加油的。"妈妈鼓励道。

但这样的鼓励，并没有使杨盼盼平静下来，反而让她更加紧张，更加自卑，感受到那么多目光盯在自己身上，她突然蹲下身子"哇"的一声哭了起来："我不会，做不到……"

妈妈这下可生气了，板着脸训斥道："你不会就不会，有什么好哭的，爸爸妈妈又不会把你吃了！"

自卑的孩子往往低估自己的能力，觉得自己各方面都不如别人，是过于看低自己的一种表现。由于孩子的年龄原因，他们对自己的看法和评价一般是源于成人，可以说孩子的自信心形成与父母有密切关系，所以，在日常生活中，父母应尊重孩子，以免孩子产生自卑心理。那么，当父母发现孩子已经有了一定程度的自卑心理，该如何帮孩子调整呢？

不要总拿孩子和别人比较，让孩子变得自信起来。父母过于苛求是造成孩子自卑的一个重要原因。很多父母对孩子抱有过高的期望，总是拿孩子的短处跟别的孩子的长处比较，指责孩子不如别人。长期如此，会使孩子感受不到成功的喜悦，甚至觉得自己一事无成，怀疑自己的能力，促使孩子形成一种自卑心理。所以，父母要及时调整自己的这种教育方式，不要盲目地拿孩子进行比较，消除孩子的自卑心理，要善于发现他们的长处和优势，并为他们提供发挥长处的机会和条件。这也是帮助孩子克服自卑心理的关键。

周波涛是名小学生，在校成绩不错，头脑也聪明，就是说话不利索，总被人笑话。

实际上，不仅外人笑话他，在家里，周波涛的父母也经常利用这一点来开他玩笑。这让周波涛渐渐失去了说话的自信，不管别人说什么、问什么，都是点点头，嗯一声。

这一天，爸爸的一名同事，王叔叔来找周波涛，想让他和自己的儿子在业余时间一起学习。

"我儿子太淘气，周波涛比较稳重，正好能起个带头作用。"王叔叔说。

周波涛想想，平时也没人愿意和他一起学习、玩耍，王叔叔来得太好了，他很愿意帮王叔叔这个忙。

正当他想答应下来时，却见爸爸走过来，竟摇拨浪鼓一样，摇起了头："不行，不行，我这儿子，嘴笨。学习好顶什么用，到时候你儿子有什么问题想问他的话，这孩子一开口，就露怯了，到时候丢人现眼哪。"

"怎么会呢。"王叔叔看向周波涛，征求他的意见："小伟，怎么样？你愿意帮帮王叔叔吗？你要是答应，我明天就让他来你家报道。"

"我……我……"

"看看，果然是一开口就不行了吧。老王，你可别抱太大希望。"爸爸端了杯茶，递过来。

周波涛的心瞬间就沉到了底儿，也开始担心会像爸爸说的那样，让王叔叔失望，最后还是得让人笑话。

"我，我可能帮不上忙。"毫无自信的他拒绝了王叔叔的好意，扭头就回房间了。

自信对每一个人来说都是很重要的，不仅成人需要自信，孩子也是如此。美国的一位教育专家曾做过这样一个实验：将一个班级的几个学习成绩较差的学生当作优秀学生对待，而将另一个班级中的几个优秀学生当作问题生来教，一段时间下来发现原来学习成绩较差的几个学生都取得了进步，而那几个原本优秀的学生考试成绩都出现了退步。原因就在于学习差的学生受到老师对他们的鼓励，学习的积极性大大提高，相反优秀的学生受到老师态度的影响，自信心受到挫伤，以致转变学习态度，影响了成绩。

从这个试验中，我们看到了自信心对一个孩子的重要性，所以，父母应该从小培养孩子的自信心，这样才能帮助孩子们赶走自卑心理，做一个勇敢坚强的人。

父母在教育孩子的时候，要采取正确的态度，不要事事苛责孩子，以免造成孩子自卑、极端的不良性格，要肯定孩子的每次小进步，鼓励他不断向前迈进。

杨生平这次考试在班里排名第15名，比上次进步了5名，他高高兴兴地跑回家告诉妈妈这个好消息。

"才第15名，洋洋考了多少？"妈妈不满地问。

"洋洋是第2名，可是我这次进步了5名。"杨生平小声地嘟囔道。

"你看看人家洋洋，再看看你，你什么时候能追上他啊，就进步了5名还炫耀，你去给我回房间反省去，下次考试再追不上洋洋你看我不收拾你！"妈妈大声地指责杨生平。

杨生平听了后不高兴地回到了房间里，他拿出了作业，又想起了妈妈的态度，不高兴地把书本往地上一扔，心里想着我还不写了，反正怎么考也比不过洋洋，反正在妈妈眼里自己怎么也不如洋洋，努力也是浪费时间。

故事中杨生平学习成绩取得了进步，却受到了妈妈的指责，这让他觉得自己怎么努力也不如别人，索性放弃了学习。父母们有望子成龙的心态是正常的，但是有些父母因此对孩子提出了过高的要求，往往得不到好的教育效果。如果父母给孩子设定的目标和要求，大大地超过了孩子的能力范围，这样一来孩子经常会受到失败的打击，屡战屡败会让孩子对自己失望，甚至怀疑自己的能力，这样对建立孩子自信心是十分不利的。父母应在日常生活中多肯定孩子的进步，孩子进步时一定要及时给予表扬，让孩子体会到成功的喜悦，这样有助于培养孩子的自信心。

自我激励，让孩子拥有好性格

英国心理学家威廉·詹姆斯曾说，有效地自我激励能够使人更充分地发挥出自己的能力，让自己的潜能得到充分施展。那么，一个善于自我激励的孩子，能使自己拥有良好的自我感觉，这种感觉会促使他不断向好的方向发展，最终在学习、生活中取得更多进步。

快要升初中的男孩马晓波，学习成绩不是很理想，如果再这样下去，他可能要留级，爸爸为此很头疼。

后来，爸爸想到用奖励的方法激发马晓波的斗志，于是便告诉他，如果下次考试的成绩能有所提高，爸爸就给他一份意外的惊喜。听了这话，马晓波心里美滋滋的。从那以后，他每天都坚持认真学习，平时写的作业都比以前工整多了，有时遇到难题，他就暗自给自己打气，并想尽办法去解决。结果，两个多月后的一次考试，马晓波的成绩真的提高了很多。

不过，马晓波刚考完试的时候，爸爸还没有想好要给他什么样的惊喜，因为他还不清楚马晓波到底喜欢什么。可就在当天，一个同学拿着一部数码照相机在马晓波面前炫耀，爸爸发现马晓波很喜欢那部相机。而且，爸爸看了马晓波用同学的相机拍的照片，发现他真有摄影的天赋。于是，爸爸知道要给马晓波什么样的奖励了。

两天后，当爸爸知道马晓波的成绩，就立马给他买了最喜欢的那部照相机。看到这份礼物，马晓波说："爸爸，我很喜欢这个奖品，以后我会更加努力学习的！"

在著名的《激励的神话》一书中，德国人力资源开发专家斯普林格写道："强烈的自我激励是成功的先决条件。"也就是说，懂得自我激励的人，往往能在不断前进的过程中充分发挥自身潜能，最终实现自己的目标；而不会自我激励的人，就算天赋异禀，也很可能无法将其充分利用，甚至一生碌碌无为。

对孩子而言，自我激励则显得更为重要。有研究表明，没有进行过自我激励的孩子，仅能发挥其能力的20%左右，而经常自我激励的孩子，其发挥的潜能相当于激励前的3~4倍，即80%左右。

但是，孩子的自我激励能力不是生来就有的，这需要父母在其成长过程中不断培养。父母可以多表扬和奖励孩子，要用欣赏的眼光看孩子，要及时发现并赞扬孩子的优点与长处。当孩子受到赞扬，获得奖励后，他们就会在心里形成一种自我激励的内驱力，这会促使孩子在今后的学习、生活中不断超越自己，督促自己进步。当然，父母一定要实事求是地给予孩子表扬和奖励，要让孩子学会明辨是非，让孩子知道自己什么时候才应该得到表扬与奖励。

另外，父母不能过分注重物质奖励而忽视对孩子精神层面的激励。事实上，当孩子取得好成绩或做了一件好事后，父母一句表扬的话，一个肯定的眼神或鼓励的动作，都可以让孩子受到极大的鼓舞，让孩子对自己更有信心，从而激励自己更加努力去做好每一件事。

自我激励其实也是一种自我暗示的方法。父母要告诉孩子，要多进行积极的自我暗示，不要总想一些消极、灰暗的事情，这样才能形成良好的性格。

1991年，一个名叫坎贝尔的女子徒步穿越非洲，人们都十分惊叹她的壮举。在此之前，几乎没有人相信一个女子能独自完成这样令人难以想象的活动。

在非洲的森林中，在漫无边际的沙漠里，坎贝尔面临的困难、所受的煎熬，都是人们意想不到的。但每一次，她都暗自激励自己："我能，我一定可以成功！"终于，在强大的意志力支撑下，在不断的自我激励后，她成功战胜了自己。

平时生活中，父母一定要教孩子学会积极的自我暗示。当遇到困难和挫折时，让孩子不断暗示自己"我可以做到"、"坚持就是胜利"等。这样不仅能帮助孩子消除不良情绪，还能增强孩子的自信心，促使孩子调动全身心

的各种潜能，帮自己更快走出困境。很多孩子的自我约束能力差，在起初确定目标时能努力奋斗，但时间一长就没有任何斗志了。对此，父母应该让孩子产生一定的紧迫感，让孩子对目标有更加明确的认识，并懂得付出与回报是成正比的。父母可以督促孩子每天阅读自己的目标计划，并在孩子做某一件事之前为其限定合适的时间，比如让孩子打扫屋子之前，要告诉他将屋子打扫干净的标准，有多少时间可供利用等。

　　这样，孩子在做事时会有紧迫感，为了在限定的时间内顺利完成任务，孩子就会不断自我激励，以发挥自身最大的潜能。慢慢的，孩子的性格也就会变得独立坚强，不再消极倦怠了。

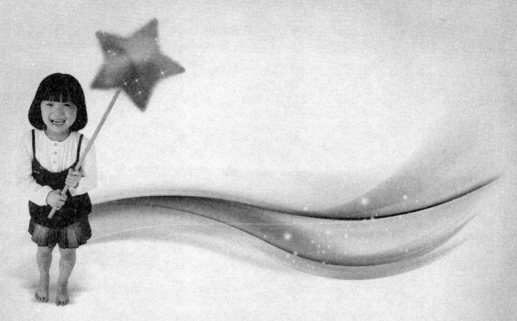

第三章

爱孩子，
就让孩子学会调控自己的情绪

　　情商教育一直是一个比较"抽象"的教育模式，因为它看不到、摸不着，又不像智商那样通过学习和测试就可以验收成果。怎么做才能提高孩子的情商，让孩子更全面地认识自己，并接受不完美的自己呢？这可能是很多父母都会苦恼的问题。其实，每个人都有他的长处和优势，只要父母正确引导孩子，那么孩子的情商一定会有所提高的。

情商比智商更重要

古语说："非不能也，是不为也。"其意是说，对于某些事情，人们或许不是不会做，而是不肯做、不想做。这里的"能"与"不会"，指人的智力因素，而"为"与"不肯、不想"，则指非智力因素，即情商。以往教育孩子的过程中，大多数父母都过于重视其智商水平的教育，往往忽略了对孩子情商的培养。虽然智商高的孩子可能会考入好的大学，但情商如果太低，就不能在将来的工作和生活中建立起良好的人际关系，孩子与周围人相处时可能会产生许多摩擦，影响前程。而且，研究发现，一个人的成功，只有20%取决于智商的高低，而80%取决于他的情商如何。所以，为了孩子的成功，父母应多重视孩子的情商教育，不能只抓智商不抓情商。

对孩子而言，任凭他的智力如何超群，学业多么优秀，但若缺乏良好的情绪管理能力，情商很低，他就很容易出现性格上的偏差。这不仅会阻碍自己成长成才，有时还会对他人造成不利影响，轰动全社会的"药家鑫事件"就是最好的反面例证。药家鑫作为一名大学生，智商和学习成绩自然都不低，但他的情商却很低。他不具备自我管理、自我控制及正确处理突发事件的各种能力，无论在做人还是做事上，他都是一个失败者。

另外，情商不仅决定着孩子未来的成败，对他现阶段学习成绩的好坏也起着重要作用。美国著名的卡内基研究中心曾对千名青少年进行跟踪调查，结果发现这些青少年学生的智力水平相当，学习成绩却各有差异。其中，学习成绩优异的学生心理素质较好，善于处理各种关系，有强烈的责任意识和很强的上进心，情商比较高；而成绩较差的学生，头脑也很聪明，却把学习当作负担，承受着较大心理压力，其性格也比较孤僻，不善表达、沟通。

所以，在教育孩子的过程中，父母不能把所有注意力都集中在其智力开发和考试分数等方面，还要特别注重对其人格、性格等"软实力"的培养，让孩子拥有高情商，让其情商与智商相互促进，最终带他走上真正的成功之路。

情商所包括的主要内容包括情绪管理与社会交往，而这与数学、音乐、美术等一样，也是一门科学。它需要孩子用心去学，需要父母、老师用心去教。作为父母，要培养高情商的孩子，首先应正确对待孩子的学习成绩，毕竟成绩不是评价孩子优秀与否的唯一标准。

父母不要只把目光盯在孩子的成绩单上。虽然父母希望孩子取得好成绩，为将来的成功打好基础，这本无可厚非，但若过分强调高分数，让孩子身负重压，则会适得其反。在孩子成长的过程中，父母应根据孩子的具体情况，帮孩子制定合理的学习目标。当孩子取得好成绩时，父母应及时给予表扬，若某次考试出现意外，成绩不太理想，也不能责怪孩子，而应从旁鼓励，让他树立起自信心，继续努力。

考试分数并不是评价孩子的唯一标准。父母应时常告诉孩子，即使他的成绩不是最高的，但他在其他方面表现得很好，所以也是个很优秀的孩子。学习原本应该是件快乐的事情，但在竞争激烈的社会环境中，越来越多的孩子沦为学习的机器。于是，学习成了许多孩子的负担，成了一件十分痛苦的事情。在重压之下，孩子取得好成绩并真正获得成功的可能性只会越来越小。

所以，要让孩子获得更多成功的机会，父母应尊重孩子的学习兴趣，引导孩子找到适合自己的学习方法，让孩子轻松、快乐地学习。自己有兴趣的事，即便别人都觉得苦、累，人们也会乐在其中，并积极主动地做好它。

父母要明确告诉孩子情商的重要性，只有当孩子知道情商对于自己未来人生的重要性时，他才会主动配合父母，积极提高自己在情绪管理、社交等方面的能力。

所以，父母应尽早向孩子解释什么是情商，平时生活中要经常提醒孩子情商高低对自己未来发展有哪些影响等。要让孩子明白情商的重要性，父母只讲大道理是不够的，还应用大量事实证明，成功者往往都是拥有高情商的人。父母也可以多讲一些名人靠情商成功的故事，让孩子对情商的认识更清晰、更客观，慢慢培养其情商能力。

自我提问，让孩子认识自我

孩子的自我认识是他进行自我教育的基础，也是其自信、乐观、坚强等良好品质的基础，更是情商教育的前提，因此，帮助孩子正确认识自己、评价自己，并能自我激励自我纠正，是父母不可忽视的责任。但是，需要注意的是，由于年龄的限制，让孩子能够正确认识自我，明白自己和他人的真正区别，这也是需要一个过程的，父母不可急于求成。

王小虎所在的市区要举行一场多个初中学校参与的运动会，王小虎有幸代表自己的中学参加这一次比赛。

"儿子，你觉得你能不能获胜？"爸爸知道这一消息后，高兴地看着王小虎，想看看他有没有自信在运动会上取得好成绩。

儿子马上点点头，但回答却没让爸爸满意。

王小虎说：“我们的教练可是最棒的，全国性比赛都参加过，这点小比赛，都不看在眼里。”

爸爸一听，眉头不由得皱了起来，便问：“你能不能赢，和你们教练得没得过奖有什么关系？”

“可是，我们有最优秀的运动员，全都获过奖，肯定输不了。”王小虎又回答。

“他们获过奖，你也就能获奖了？”爸爸觉得儿子的回答真的很有问题，这算是什么答案？根本就是答非所问、驴唇不对马嘴。

“爸爸你怎么能这么说？”儿子不高兴了，嘴一噘，红着脸说道：“我们教练都说了，这次我们肯定能轻松地赢得比赛的。”

爸爸听了这样的回答，连连叹气，儿子到底有没有听清楚他的问题？于是他提高了音量，再次问道：“儿子，爸爸是在问你，你自己有没有获得胜利的自信。”

“我？”王小虎吃惊地抬起头来，理所当然地回答道，“有队友们在，我们当然能获胜。”

又是我们！

爸爸真的很无奈，看来，儿子还是没理解他的意思。

王小虎的话代表了小学、初中阶段孩子的一个共性：我们集体都很棒，那我也很棒，我的朋友是个活泼的人，我也是这种性格呗！这让父母往往很迷惑，自己的孩子怎么连自己有什么能力，能做什么事情都不清楚呢？这怎么能取得好的成绩呢？儿童教育专家认为，孩子之所以有这样的奇怪念头，是因为他们处在心智发育期，对自己和别人、自己的事情和其他事情往往会混淆，看到和自己亲近的人的优点、能力，就会产生一种心理暗示作用，就想当然地以为自己也是这样的。

　　父母在帮助孩子认识自己的时候，可以让孩子通过周围人的评价来作出判断。

　　后来，在和同事聊天的时候，王小虎爸把这件事当作笑话讲给同事听，同事听完后，托着下巴小声说道："他是不是有些缺乏自我意识？"

　　"自我意识？"小虎爸充满疑惑地看着同事。同事笑道："就是没有充分认识到自己的存在和价值，对自己并不了解，没有一定的认知。"

　　"自己都不了解自己？"

　　"这很正常，就算是我们成年人，也不敢保证百分百了解自己啊。"

　　"这倒也是。可是王小虎现在这样……也不太好吧。"

　　"的确不太好，你得想想办法，慢慢地让他认识自我。"同事认真地对他说。

　　但小虎爸却一头雾水，不知道该如何引导儿子认识自己。看同事似乎懂点教子知识，他便虚心求问："那该怎么做才好呢？"

　　"其实挺简单的，最直接的方法，就是让王小虎身边的人，多对小虎做比较精准、正面的评价。通过别人对他的评价，相信他一定会对自己有一个初步的认识，接下来，就得靠他自己了。通过不断地自我总结和升华，逐渐认清自己。"同事告诉他，他边听边点头，决定回家之后，就这样试一试。

　　王小虎爸的同事的建议很有道理，既然孩子对自己不了解，对别人反而了解得更清楚，那就让他周围的人多讲讲对王小虎的认识，对小虎进行"评头论足"，别人的话反而会加深小虎的注意力，并促使小虎对自己"多加研究"。

在日常生活中，父母应让孩子多对自己提问，多问自己"我会怎么办"、"我能做什么"等，在自我提问中寻找答案，认识自己。在日常生活中，父母还可以引导孩子开动脑筋，经常自问自答，在自我互动中增加对自己的认识。比如，父母和孩子一起做事情时，可以对孩子说："这件事情你能做好吗？为什么认为自己能做好呢？""你知道自己有哪些优点吗？这些优点能达到什么程度呢？"这种提醒式的启发有助于孩子增加对自身的关注，有助于其多思考自身的和别人的区别，降低别人对自己的影响程度。

每个人都有自己的长处和优势

上面一节我们讲到谁都不是完美的，但是每个人也都有各自的长处和优势，这是毋庸置疑的。在父母眼里，孩子总是最好最棒的，但大多数中国父母不会在孩子面前表扬他们，而是认为责骂会让他们更加努力，同时，父母也担心过多的夸奖会让自己的孩子骄傲自满，更不利于成长。在这种心理下，父母的眼中看到的常常是孩子的缺点和不足，嘴里说的也是"这点做得不好""那里做得不够"等等，让孩子产生一种"我什么都不行，那就这么着凑合着算了"的想法。

孙红林是一个不起眼的孩子，学习不起眼、为人处事也是平平淡淡，从没做出过出彩的事情，这让他有些不自信，总觉得自己技不如人。

有一次学校组织了一次亲子郊游活动，父母和孩子们共同在野外生活两天一夜，一起生火、一起做饭，大家玩得不亦乐乎。但孙红林却一直把自己"隐藏"在人群的角落里，一声不吭，默默地做着老师交给他的任务。

"孙红林，你怎么不和大家在一起呢？看大家玩得多开心。"同学的妈妈李阿姨见孙红林总是自己一个人待着，便好心过来叫他和大家一起玩。

孙红林摇摇头，说："我不会讲笑话，不能逗大家开心。"

"那也没关系啊，我们一起听别人讲，一起乐呗。"

这时候，孙红林的爸爸走了过来，很不好意思地对李阿姨说："小李，不用管他，这孩子就是太闷了，一点长处也没有，过去也是丢人。"

李阿姨见孙红林爸爸这么说，连忙摇头说："谁说孙红林没有长处，这孩子虽然不爱说话，但老师交给他的任务都能很好地完成。刚刚我就发现了，他不仅把米淘干净了，在淘米之前，还仔细地把里面的小石子捡了出来，真是个细心的孩子。"

"是吗？他也只能做好这么点事，其他的事情就不行了。"孙红林爸爸摆摆手，一副完全不认同孩子这点长处的模样，孙红林脸红地低下了头。

李阿姨见他们这样，连忙对孙红林爸爸说道："不能这么说，要是连父母都不能认可孩子的优点，孩子自己怎么能看到他的优势呢？"

"他有优势？"

"我也有优势？"

父子俩同时发问，李阿姨被他们逗得笑了起来，然后不好意思地道歉说："真是不好意思，我不是在笑话你们。孙红林的优势不就是认真、负责和细心吗？现在的人，不仅孩子，就连大人都很浮躁，认真的人可是越来越少了，而孙红林却拥有它，难道这不是他的长处和优势吗？"

见孙红林爸爸皱眉，李阿姨继续说道："孙红林爸爸，你这样可不行，我们做父母的，应该帮助孩子了解自己的优势和长处，由此让孩子获得自信，健康成长。如果你总是否定他的优点，那他永远也看不到自己的长处，学不会自我欣赏的。"

"这个，呵呵……"孙红林爸爸不好意思地摸摸头，经李阿姨这么一说，他也觉得自己平时对待儿子的态度有问题，现在这个社会，一个认真而且负责的人，确实是很难得的。想到这里，他不由得低头看了眼儿子，摸摸他的头诚心说道："儿子，你真了不起。"

"小李，今天真是受教育了，看来人真的是学无止境啊。"红林爸感叹道。

上面的故事中，孙红林同学的爸爸就是如此，他很爱自己的儿子，也很希望孩子能够在学习、生活上都出彩，但是面对孩子这绵绵软软的性子，批评也好、要求也好，也没见有什么成效，也就听之任之了。而李阿姨的观点则不同，她敏锐地从淘大米这件小事上发现了孙红林的优点，并讲出了自己的想法，不但鼓励了孙红林，更让孙红林爸爸也颇受启发。可见，只要家教方法对了，孩子就会有积极的回应。

曾有一位物理学家在回忆时说：上中学时，老师表扬我是"物理天才"，其实那个时候我的物理成绩并不是学校里最好的，但就这么一句话，成了他学习物理的动力，并走上了物理研究的道路。

对孩子来说，细微的进步和巨大的进步是同义词。孩子进步与否不能以成绩高低来论，更要看他在其他方面的变化。这时，父母就要用放大镜观察孩子的优点了，只要有一点点的进步和提高，父母就要及时给予表扬和鼓励，适当的时候还可以给孩子小礼物、满足孩子的一个要求等作为奖励。

在父母的眼里，只要提起孩子的缺点，往往能随口说出一大堆来，但是，谈及孩子的优点时，很多人只能说出一两个。对孩子来说，他可能不知道自己有哪些缺点，同样他也不知道自己有哪些优点。难道我们的孩子真的就缺点多多，而优点少之又少吗？其实不是，只是父母平常关注的角度不同，以至于自己和孩子都忽略了其优点。显然，这样的家教方式不利于孩子情商的培养。

因此，父母不但要多看到孩子的长处、优势，还要帮助孩子看到自己的强项。在日常生活中，每天的休息时间，父母可以和孩子一起做"找优点"的游戏，教孩子回想自己今天都做了哪些事情，能发现自己什么地方做得好，哪些是自己的优点，即使是一个小小的长处也要讲出来，这能极大地鼓励孩子的自信，成为他积极向上的动力。

情绪压抑会阻碍情商培养

压抑心理源于个体自身气质性格，也受到外部环境影响。外向性格的人遇事往往用情感将它表现出来；内向性格的人则常常把感情压抑在内心，其中消极的情感会转化为压抑感。当孩子感到压力时，他们可能出现以下几种怪异的表现：哭泣、不安的睡眠、疾病反复、攻击性行为、过度忧虑、说谎和欺骗、情绪压抑。这对孩子的情商培养十分不利。

周末的上午，爸爸妈妈在家里或看书，或打扫卫生，都在忙碌着，而林小桃却在书桌前发着愣，看着桌子上的作业题，明明是应该尽快做完的，但林小桃怎么也静不下心来，心里有股莫名的急躁之火在四处翻腾。

"读题、读题！这是一道应用题，该怎么解呢？哎呀真烦，干脆不做了。"林小桃真想甩手不干了，可她也仅仅是嘴上说说罢了，过了没一会儿，她又埋头读起题来。不过她也只是反反复复读这一道题而已，根本静不下心来认真地思考。

她想发火，却又找不到发火的理由，看着眼前的题，明明是老师刚讲过的，公式、计算方法还历历在目，可她就是答不出来，心情不由得更加阴沉了。

咯吱咯吱……咯吱咯吱……她找不到发泄的地方，只好咬起了铅笔头，那股卖力劲真像是在咬自己的大仇人。

"小桃，你在做什么？快吃午饭了，你作业还没做好吗？"咬得正起劲的时候，妈妈敲门走了进来，林小桃赶紧把铅笔藏在身后，换上一副笑脸对妈妈说道："快做完了，我马上就去洗手吃饭。"

说着，就把铅笔盖在作业本下面，迅速地跑了出去。妈妈觉得女儿的行为有些奇怪，就偷偷来到她的书桌前，稍稍翻了两下，就发现了那支被咬坏的铅笔。

"妈妈你怎么乱翻我东西？"林小桃回房拿东西，正好看到妈妈正拿着坏铅笔发呆，心里一惊，赶紧跑过去收拾自己的书桌。

"妈妈没乱翻，就是帮你整理一下桌子。对了，这铅笔怎么咬成这样了，对身体不好的。"妈妈关心地问。

"也没什么……"林小桃歪歪头，回答道。

"学习遇到什么困难了吗？你要真遇到问题，想用这个方法来缓解压力，妈妈建议你可以用狗咬胶，汪汪，使劲咬都没关系。"妈妈开玩笑说道。

"哈哈……"林小桃被逗得哈哈大笑起来，顿时觉得心情畅快了很多，她手抚着桌子，低着头小声说道："其实也不是什么大问题，就是最近总觉得特别压抑，好像快要喘不过气来了，做什么事都静不下心。"

"妈妈也经常有这种时候，这是正常现象，不过咬铅笔可就不正常了，以后再有这种时候，可以找妈妈来谈谈心，实在不行，咱们真去买点狗咬胶，你一块，我一块，对着咬。"妈妈又把林小桃逗乐了，之前的压抑情绪一扫而光，她上前抱住妈妈，深情地说道："妈妈，谢谢你的理解，我还以为你会骂我一顿呢。"

学生的任务无外乎学习，若能取得预想的成绩，内心即有成就感；若长期超负荷地学习，不堪重负，那么学生就可能感到痛苦与压抑。如有的学生面对繁重的学习负担、成绩下降，就会感到压抑消沉。就像故事中的林小桃一样。因此，父母应为孩子创造轻松愉快的生活环境。有的家庭气氛比较紧张，平时父母对孩子的态度也较严肃，虽然为孩子提供了成长所需的各种条件，但孩子还是感到紧张、压抑。相反，生活在宽松、愉快的环境中，能使孩子随时自由、放松地表达自己的喜怒哀乐。

父母在培养孩子情商的同时，还应培养孩子一些其他方面的兴趣和爱好。比如，在孩子心情好时尝试一些新的游戏活动。有时，孩子不喜欢某些游戏是因为不熟悉游戏规则或不擅长某项活动，并不是他不想进行游戏。这时父母的耐心引导会改变孩子对这些游戏的态度。亲子活动也能让父母和孩子更加情意融融。

而且，有时候，压抑的情绪还会让孩子出现逆反心理，让父母苦不堪言。

今天刘太太下班早，看看时间，刚好快到儿子放学的时间，于是她买好了儿子最喜欢吃的冰糖葫芦，打算亲自去接儿子回家。

想起儿子小学的时候，最喜欢刘太太接他放学了，每次刚看到刘太太，就会笑着跑过来，有两次还因为跑得太快，摔倒在地上，可把刘太太给心疼坏了。

而儿子上初中后，刘太太的工作开始忙了，儿子很自觉地就不再让妈妈去接送他上学，这次正好是个好机会，她准备给儿子一个惊喜。

丁零零……

来到学校门口的时候，放学的铃声正好响起，不一会儿，成群的学生开始往学校外面走。刘太太担心儿子看不到自己，便站在校门口最显眼的位置，高兴地等着儿子出来。

"儿子，妈妈在这儿……"隔老远，刘太太就看到了儿子，招手向儿子打招呼，儿子明显往刘太太这边看了一眼，却又低下了头，依旧和同学一起谈笑着。

难道是没看见？刘太太心中疑惑，便迎了过去，"儿子，妈妈来接你。"

可儿子像是不认识妈妈一样，突然快速地朝前跑了过去，和刘太太擦身而过。

这是怎么回事啊？刘太太丈二和尚摸不着头脑，只好追着儿子的身影，回到了家。

"儿子，刚才……"

"妈妈，你怎么回事！"

一进家门，刘太太还没来得及发问，就被儿子给顶了回来。

"我怎么回事？应该是你怎么回事才对吧，妈妈好不容易去接你一回，你怎么能……真没看见妈妈？"她问。

儿子头一撇，噘着嘴回答道："看见了。"

"那怎么不理妈妈？"

"同学们会笑话我的。"儿子有些生气地说道，"哪有父母来接初中生放学的，我都这么大了，能自己放学回家的，你以后就不要再去接我了。"

"这不是偶尔一回吗，你想让妈妈天天接你，妈妈还没时间呢。"

"一回也不行，多丢人啊。"

"妈妈去接你就丢人了？你这孩子翅膀硬了是不是？"

"反正……你别再去接我就对了。"儿子微低下头，赌气般说道："对了，还有，明天是周末，同学们说好了一块去染头发，我要把头发染成黄色的，一定特帅气，你和爸爸别拦着我。"

说完，儿子就回到自己房间，留下刘太太一个人在客厅里哭笑不得，疲惫地坐在沙发上。

许多父母抱怨，孩子特别不听话，爱和大人顶嘴，叫他向东他偏向西，叫他不干他非要干，逆反心理特别强。其实这和孩子的学习、生活压力太大，情绪过于压抑有很大的关系。逆反心理具有负效应，轻者对学习、社会等构成消极影响，重者则导致过激行为，甚至危害家庭、学校及社会，是情商欠缺的表现。因此，父母必须采取有效的对策来防止和消除孩子的逆反心理，积极进行孩子的情商教育。

父母要让孩子学会将心比心，不要过于干涉孩子的行动，应直截了当地说出自己的担心和忧虑，让孩子知道父母的爱心。比如，处理孩子放学晚归这种事情，有的父母是等孩子回家后，劈头盖脸一顿臭骂，勒令以后不准晚归。这种处理方式过于急躁，孩子不但没有体会到父母的爱心，反而对父母产生了抵触情绪，认为小题大做，管得太宽。而有的父母则会尽量压住怒气，心平气和地询问原因，并说明因为不知道你为什么晚归，心里很着急、很担心，希望你能够站在父母的角度，体会父母的爱心和不易，以后早点回来。相信懂事的孩子听了这一番话后，会为自己的晚归给父母带来不安而感到内疚自责，对父母的干涉行为也不会产生反感与抵触的。

情商教育，让孩子学会忍耐

儿童教育专家研究发现，孩子的忍耐力与其年龄成反比，这种特质必须从小开始培养才行。即应在幼儿至小学阶段，开始逐步培养孩子的忍耐力、耐性及坚毅能力，对其进行适当的情商教育，让孩子学会忍耐。

男孩白晓鸥和妈妈去超市买酱油，在玩具架上看到一个玩具，十分的喜欢，就对妈妈说："妈妈，我要那个玩具，你帮我买下来吧。"

要是在平时，妈妈肯定二话不说就会帮他买下来的，可是今天出门的时候，只带了买酱油的钱，所以她一脸抱歉地对儿子说："不行，今天妈妈带的钱不够。"

"妈妈帮我买下来吧，我真的很喜欢这个玩具。"白晓鸥纠缠道。

"下次再帮你买，行吗？"

"不行，不行，这次就帮我买吧。"

"儿子乖，不闹，一会儿回去妈妈给你包你最爱吃的饺子，这次玩具就不要了，好不好？"妈妈知道儿子最爱吃饺子，便用食物诱惑起孩子来。

果然，儿子一听有饺子吃，就把玩具忘得一干二净了，推着妈妈赶紧去买酱油，好回家包饺子。

"妈妈，妈妈，饺子还没好吗？我要吃饺子。"回到家后，白晓鸥就开始不停地催妈妈包饺子，可饺子哪会凭空跳出来，总得花点时间吧，妈妈就对他说："儿子，再等会儿，等会儿就好了。"

"还要等多久啊，我肚子都饿了，妈妈你快点，快把饺子端出来吧。"白晓鸥不依不饶道。

这时候，爸爸下班回家了，见他这么闹，便沉声说道："妈妈让你等，你就等着，难道一个男人连等都等不了吗？"

白晓鸥平时最怕也最听爸爸的话了，见爸爸没有好脸色，就明白自己该怎么做了，乖乖地闭上嘴坐在饭桌前等着。

妈妈看了，无奈地说道："唉，非得经你这么一吼，他才老实，不过你也别太严厉，小心吓到孩子。"

"就是你这个态度，一直惯着他，你才管不住他的。"爸爸对着妈妈摇摇头，叹了口气后，来到儿子跟前，坐在他的旁边，轻声说道："爸爸不是要骂你，只是想让你明白，做任何事都要有耐性，要学会等，经过等待得到的东西，会让你更有成就感的。"

"好的，爸爸，我以后会学会等的，就这样坐着等好吗？"白晓鸥并拢双腿，挺直腰板说道。

爸爸欣慰地摸摸他的头，虽然知道他现在还不是太明白这个道理，但只要会努力这样做，早晚有一天，他会明白的。

从上面的故事中我们不难发现，如果孩子欠缺情商教育，就会变得没有耐心，不喜欢忍耐。如果这种情况一直得不到正确的引导和教育，孩子长大后就会变得霸道蛮横，不能遵守社会的规范。此外，他们还容易被自己的情绪所左右，稍不如意就觉得无法忍受，不能够冷静地思考解决问题的方法，不能承受挫折，以至于影响自己的工作和生活。

因此，父母应该了解自己孩子的年纪、能力及脾气秉性，有针对性地对其进行忍耐训练，并逐渐培养孩子的情商。

如何让孩子学会忍耐呢？

父母可以在孩子想要某样东西时，可以答应孩子，但是要等一会儿才能得到。当孩子同意后，父母再去做别的事情，过段时间后，父母再把东西交给孩子，并夸奖孩子有耐心，是个好孩子。当孩子的要求比较高，比如想要高级钢笔、品牌衣服时，父母在确定这是个合理的要求的前提下，告诉孩子这需要他多等一段时间才行，比如十天半个月，以此来考验孩子的耐心，让他学会忍耐。这也是一种"延迟满足"的训练。

当孩子在接受这种训练时，父母可以告诉孩子，只要用心配合父母，表现突出，还会得到奖励，比如孩子喜欢的漫画书、运动鞋等都是不错的奖品。

在教孩子学会等待、锻炼忍耐力时，父母还可以告诉孩子具体的锻炼方法，以提高训练效果，转移注意力就是一个很有效的方法。当孩子很渴望某样东西时，父母应告诉孩子需要在一段时间后才能满足他的要求，这期间孩子也许会坐立不安，这时父母可以给孩子安排其他任务，或让孩子去做自己喜欢的事情，让孩子在习惯等待的同时，能利用这段空闲时间做事。

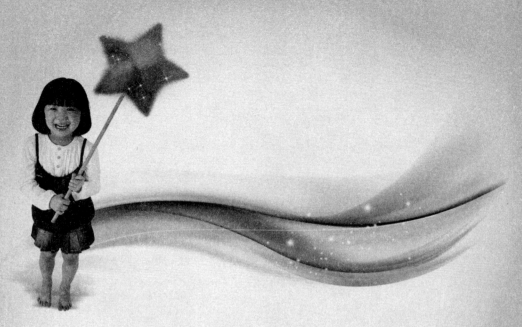

第四章

好父母，
让孩子做亲子交流的主角

　　有不少父母抱怨，现在教育孩子越来越难了，甚至和孩子说会儿话都不容易。有时候父母话没说两句，孩子就不耐烦地走开了，与孩子沟通交流真的这么难吗？其实不然，只要父母能做到让孩子成为交流的主角，对孩子平等相待，能够认真倾听孩子说的话，自然就会走进孩子的内心，而愉快的亲子沟通也就水到渠成了。

给孩子主动开口的机会

很多时候，父母都觉得和孩子说话，主角应该是父母，孩子只要听就行了，从不给孩子主动开口的机会。在这个竞争激烈的现代社会中，父母最大的感悟可能就是一个字：忙！忙着工作，忙着应酬，忙得焦头烂额，却从没想过在孩子身上"忙一忙"。这也正是导致父母不愿意听孩子说话的主要原因，结果导致孩子不愿与父母交流、交心，变成了一个只会听不会说的旁观者。

赵小姐的女儿田田聪明又漂亮，虽然只是个小学三年级的学生，却"饱读诗书"，是社区里有名的小神童。曾有年轻的父母来问赵小姐是如何教育孩子的，赵小姐只是笑着回答道："我和田田爸工作忙，没什么时间管她，就从小把她扔到书堆里，可能是书读得多了，了解的知识自然也就多了吧。"

"这样就可以了？"很多父母不太相信她这话，可又觉得很有道理，纷纷表示回家在自己孩子身上试一试。

能被父母称赞会教育孩子，赵小姐当然高兴，可在父母看不到的地方，赵小姐也在为如何教育田田而苦恼着。

"田田，告诉妈妈，最近都看了哪些书？"有一次，赵小姐下班回家看见田田正在看书，便想着趁这个机会和她谈次心，没想到，田田只是抬了抬头，便漠然地回答道："没什么，和平时一样。"

"是吗？"赵小姐再一次失望地露出一抹苦笑。田田虽然从小就聪明懂事，让家里人少操很多心，但她却从不和人亲近，不管问她什么问题，都爱答不理的。赵小姐从没听孩子说过心里话，虽然有时候孩子也会对家里的事情发表一些看法，但赵小姐觉得，那其实并不是孩子真正想表达的。

父母有没有想过，当你开始感觉同孩子沟通是件麻烦事，或根本腾不出时间和孩子讲话的时候，孩子其实也在渐渐发生变化。当父母一次又一次敷衍孩子的问题，面对孩子的主动发言不是训斥就是表现出一副厌烦的样子时，孩子就会渐渐地就不再把父母当成亲近的人，不再觉得自己是家庭中的一员，而想当然地以为自己对父母来说，只是一个过客，心里的话自然也就不愿意同父母分享。于是在父母的眼中，孩子的性格变得不再乖巧，甚至有些抑郁。

故事中的田田就是这样，田田爸妈因为工作忙，从小就把她"丢"进了书堆，虽然在书的海洋中田田增长了知识，但和父母却不再亲密，不管妈妈问什么、说什么，她都不想坦率地把心里话讲出来。这对孩子的成长是极其不利的。

那么，我们该如何做，才能让孩子愿意与父母交流，并把自己看作主角呢？其实，孩子考虑事情是很单纯的，只要父母先做出让步，鼓励孩子多开口，做孩子最亲近的人，认真听他们说话，便能如愿以偿了。

不管是孩子还是大人，想和他们真诚地交谈首先要先做他最亲密的朋友。试问，谁会和一个自己不信任、关系不亲近的人进行深入的交流呢？只有当我们认可某个人，把他当作知己、死党的时候，才愿意把深藏在心底的话主动讲出来。

所以，父母想要听到孩子的心里话，首先应建立起信任关系，在此基础上进行沟通、交流。如果父母愿意，还可以把孩子看成自己的朋友，这样的身份更容易打开孩子的心门，让他对你知无不言、言无不尽。让孩子感觉到自己是这场交谈中的参与者，而并非匆匆过客。

另外，父母还要学会做孩子忠实的听众，让孩子感觉到父母的尊重和爱，让他们喜欢上同父母交谈，喜欢当主角的感觉。

王敏想给女儿买两本童话故事书，于是在周末的时候带着女儿去了市里最大的图书城。一进图书城，王敏就拉着女儿直奔向儿童区，拿起一本书觉得不错，问女儿："你看，这上面有金色的大狗，好威风哦。你喜欢吗？"

还没等女儿说话，她又瞧见一本更有趣的，又问："这本是七彩金鱼的故事，一定很精彩，喜欢吗？"

女儿没说话，她又随手拿起一本，问女儿喜不喜欢，可到最后，女儿也没表过一次态。

王敏有些恼，问："你到底还想不想买书？"

女儿觉得妈妈并不是来陪自己买书的，倒像是自己来陪妈妈买书的，便说了句"不买了"就扭头回家了。

从头到尾，王敏都是在以成人的眼光挑选自己喜欢、认为适合女儿的书，虽然每次都征求了女儿的意见，但她并没有耐心等待女儿的答案，甚至是并没有考虑过，或许女儿会有自己的想法。如果父母经常这样对自己，孩子当然会觉得不自在，认为爸爸妈妈才是自己的主人，而自己什么都不是，只要听从他们的意见就好了。因此，若想让孩子感觉到自己才是自己的主人，生活中的主角，父母不妨和孩子面对面坐下来，安静认真地听孩子说说话，哪怕只是毫无意义的唠叨。孩子能从父母的反应知道父母是否喜欢听他说话，哪怕只是一件小事，如果父母表现出一丁点儿的倾听意愿，不时地点下头，冲他微笑，孩子便会打从心底里愿意和你诉说更多他心中的小秘密。父母越认真听，孩子就越想同你分享更多的话语。从倾听开始，诱导孩子一点点打开心房，使他愿意和你说心里话吧，尊重并接受他们的意见，让他们感觉自己的重要性。

日常生活中，父母也不要过多地批评孩子，这会让孩子觉得自己受排挤了，和父母交谈的时候，常常会有口难开。

"我同桌真是太讨厌了，总爱打小报告，今天她忘了带课本想借我的看，我理都没理她。"小刚回家后，很解气对妈妈说着这件事，可妈妈没等他说完就批评起他来："我养你这么大，是让你记仇不帮助同学的吗？明天就去和同学道歉，听到没有？"小刚很不服气地跑开了，并在心里发誓，以后再也不和父母说学校发生的事情了。

孩子兴致勃勃地想告诉父母今天学校发生了哪些趣事，他们如何捉弄了上课老师，怎么在操场的草坪上打滚嬉闹，为什么总爱扯女孩子的辫子，但父母听到的却不是这些，父母首先想到的是，孩子又闯祸了。于是二话不说，先把孩子训斥了一番。

其实，不管孩子是不是做了错事，当孩子想向你倾诉某件事情的时候，批评就像迎头一击，对孩子的打击是很大的。久而久之，当父母某天很想知道到底发生了什么事的时候，孩子可能不会痛快地告诉你一切。所以，批评对孩子来说就像"禁言咒"，如果想要孩子对父母敞开心扉、无所不谈，就在孩子第一次讲述身边趣事时耐心听完，再引导孩子正确分析这件事，不要过早地下结论，认为孩子做了错事而批评孩子。这样做只会打击孩子主动和父母交谈的积极性，让孩子不再主动和父母交流。

所以，不管是在什么时候，只要孩子想说话，父母就要给孩子主动发言的机会，慢慢让孩子体会到，自己也是生活中的小主角，也是可以说很多话，做很多事情的。

不要打断孩子的话

很多父母在教育孩子的时候，喜欢打断孩子的话，直接命令孩子这个该做、那个不该做，却很少静下来听听孩子的想法，即使有的父母会听，也是心不在焉地应付两句，搞得孩子兴致勃勃而来，可还没说两句就带着失落而回。

当父母在抱怨孩子不听话的时候，孩子可能会反问自己说话的时候父母为什么也不听，这时候，大多数父母会回答：没有精力。很多父母大部分都有自己的工作，白天在公司忙一天，只有到了晚上或周末才会有时间跟孩子在一起，而这时父母已经很疲惫了，几乎没精力和耐心去倾听孩子说话了。父母没精力是可以理解的，但是这不是不倾听孩子话的理由，对于孩子的话，父母还是应该仔细听一听的。孩子是个独立的个体，他的人生应该由他做主，不能因为他小就剥夺他发表自己意见的权利。这对孩子以后的健康发展是很不利的。

赵小霞和妈妈一起看电视，电视上正在播出某地区因地震灾害而导致很多孩子无家可归的新闻。看了这个节目，赵小霞就想：自己的住的地方会不会有地震呢？于是，忍不住问妈妈："妈妈，什么样的地区会发生地震啊？"

妈妈听了很高兴地说："想不到你这么小，还挺会问问题的嘛。"接着妈妈就给孩子绘声绘色地讲起来："地震一般是由于地壳运动而引起的，是两个大陆板块相撞而引起的一种危害性很严重的自然灾害，一般发生在板块与板块的交界处。"

"那如果地震的话，是不是有很多孩子都找不到他们的家了呢？"赵小霞又问。而这时赵小霞想的是：如果地震了，自己能找到家吗？

"对啊，刚才电视上不是播放很多人无家可归吗？"妈妈耐心地回答。

虽然这位妈妈的确是听了孩子的话，但是很显然她并没有听懂孩子到底想表达什么意思，如果孩子讲话时父母不用心听的话，就会很难理解孩子的真实意思。无论内向还是外向的孩子，其表达能力都是有限的，而且孩子的思维方式与父母的有很大的不同，有时父母即使听了，也不一定会理解孩子究竟想表达什么意思，就会随便敷衍一下孩子。

很多时候，父母只会根据成人的思维，就事论事地跟孩子讨论起来，并没有思考孩子为什么会问这样的问题，这其实是很多父母跟孩子交流时常犯的通病。因此，父母要想听懂孩子的意思，还得着实花一番心思。如果听到不合适的地方就直接打断孩子的发言，这会让孩子受打击。

其实，在孩子说话的时候，父母只要对孩子的话表现出兴趣就可以了。千万不要在孩子说到一半时就打断孩子，这会让孩子觉得你并不尊重他，让他心生挫败感。父母关心孩子不应只关心孩子的学习，还应关心孩子的心理和兴趣。有时候父母一句令人扫兴的话，不仅失去了一次与孩子沟通的好机会，还错过了深入了解孩子的时机。

在听孩子讲话时，父母还要多注意自己的态度，不要只拿耳朵听，而手里却还忙着自己的事情，这种态度会让人觉得你只是在敷衍孩子，让孩子的心灵受伤。

王明代表他们班参加学校的篮球比赛，并且得了第一名。放学一回家，王明就想把这个好消息告诉父母，想让他们也分享一下自己的喜悦。

"妈妈，上次我跟你说的学校组织篮球比赛的事，你还记得吧？"小明想从头说起。

"记得啊！"妈妈仍在低头切菜。

"告诉你一个好消息，我们班在这次篮球赛上得了第一名！"小明手舞足蹈。

"嗯，很不错，再接再厉。"妈妈把切好的菜放在盘子里，还是没抬头看小明一眼。

"妈！你有没有在听我说话啊！"小明见妈妈对他的"功绩"一点在意的样子也没有，不禁有些生气。

"我在听啊，你们班得了第一，这很好啊，你干吗发那么大火啊？"妈妈一脸不解，不知发生了什么事。

"算了，不跟你说了，扫兴！"小明生气地走开了。

小明的妈妈怎么也不会想到孩子生气的原因是她的满不在乎。其他父母如果都跟小明的妈妈一样，在孩子说话时还忙着自己的事，就会与孩子产生一种隔膜，导致与孩子沟通有障碍。父母在孩子讲话时让孩子感到你的确在听，比如，看着孩子说得高兴的时候，父母也应笑一笑表示对孩子的话有兴趣，这样孩子看到父母的反应，就会更加愿意和父母多说。

父母在与孩子说话的时候还要注意方式方法。如果孩子说出了让人觉得幼稚、不合适的话时，应不动声色，而不是中途打断孩子的话，对于有问题的地方可以找个恰当的时间与孩子慢慢聊。

妈妈在闲聊的时候，问女儿莉莉："我家莉莉这么漂亮，学校有不少男孩子追你吧？"

莉莉歪着头想了想说："有七八个吧！但是我都还在考虑中。"

妈妈捂着受惊的心脏说："七八个啊，不少嘛，看来我家的莉莉魅力还不小。"

然后莉莉把那几个男生的特点爱好都说了出来，妈妈只是耐心地听，并不时附和两句。等莉莉说完了，妈妈故意轻描淡写地说："正常的交往可以，但妈妈相信你知道底线吧！"

"放心吧，我知道现在要以学习为重。"

妈妈在得知孩子有可能出现早恋情况的时候，并没有激烈地批评，而是轻轻一点让孩子知道父母的意思，既不会引起争执又达到了教育的目的。

另外，父母在孩子说话时应给予一些回应。这些回应可以是表情，也可以是一些赞美的话。比如，孩子在描述一些惊险刺激的事情时，可以说一句："真是难以想象！一定好玩极了！"孩子听了这样的话就会感觉和父母交流是很快乐的，以后遇到问题还愿意和父母沟通商量。

平等交流更利于孩子成长

有不少父母抱怨，现在教育孩子越来越难了，甚至和孩子说会儿话都不容易。有时候父母话没说两句，孩子就不耐烦地走开了，与孩子的交流真的这么难吗？其实不然，只是父母没有做到与孩子平等交流。比如，有的父母在孩子放学回家后就问，今天在学校怎么样，有没有不听话，这种高高在上的问话，正是孩子所讨厌的。如果父母的话改为：上了一天的课累了吧？先休息一会儿，能跟妈妈说说学校里有趣的事情吗？相信没有孩子会拒绝父母的热情的。

可能不少父母受传统观念的影响，觉得教育孩子时就该摆出大人的威严，不然孩子会不听话的。但这样教育的结果并不会让人满意。有的孩子当时很听话，过后还是老样子；还有的孩子当场和父母顶嘴。无论孩子的反应如何，这样教育的结果都会造成孩子与父母之间关系不和。

还有的父母认为，一些工作上的事情跟孩子说了也没用，他们知不知道无所谓。大人有事一般会对孩子说："没你的事，说了你也不懂，你把功课学好就行了。"父母这样说无疑是把孩子一颗关怀的心拒之门外，而孩子就会认为大人的事跟自己无关。

小芳的妈妈最近因公司出了点事，每天回到家后，总是一副忧心的样子，见到邻居也不像以前那么热情地打招呼了，好几次，小芳半夜醒来，见到妈妈还在和爸爸不知说些什么。

妈妈总是闷闷不乐，这让小芳很担心，于是，小芳在做完作业后，就关心地问妈妈："妈妈，最近看你心情不太好，是不是工作上遇到了什么问题啊？"

"没什么，说了你也不懂，大人的事小孩子不要问。"妈妈由于心情不太好，所以口气也比较差。

"可我是关心你嘛！"小芳有些不高兴了。

"管好你自己就行了，小孩子懂什么！"妈妈不耐烦地说。

大人的事小孩子不该问吗，小芳心里很迷惑。反正以后不管就是了，他们想怎样就怎样吧。

从此之后，无论家里发生了什么矛盾，小芳从不过问，只是待在自己的房间里，做自己的事。可是，不久妈妈就开始抱怨小芳不关心他们。

小芳真的像妈妈说的不关心父母吗？很显然不是，因为小芳在表示关心的时候，妈妈没有用平等的眼光看待，让小芳认为自己没必要管。生活中，很多父母都会和小芳的妈妈一样，认为孩子不懂大人的事。但很多孩子却觉得自己已经长大了，有自己的主意了，如果父母依然用以前那种不平等的方式交流，是很难教育好孩子的。那么，父母该怎么和孩子进行平等交流呢？

首先，父母可以蹲下来和孩子说话。很多父母在教育孩子时习惯站着，而且用一些命令的语气，这样会给孩子一种压迫感，让孩子对父母面从心不从。蹲下来看似一个不起眼的动作，却能拉近与孩子的距离，让孩子感到自己受到尊重，没有心理障碍，也才会让孩子把自己心里的真实想法告诉父母。

其次，父母应让孩子发表意见。在讨论平常的家事时也要问问孩子的意见。比如，家里要买套新沙发可以听听孩子的建议，这样让孩子参与到家庭大事中，孩子会感受到自己在这个家庭中的重要性，对父母也会更尊重。

刘明上五年级了，很少和爸爸妈妈吵架，爸爸妈妈也一直把刘明当成朋友。家里的事无论大小，爸爸妈妈都会征询刘明的意见。

由于爷爷奶奶住在郊区，家里决定一个月去看望老人两次，但是每次决定的日期都会问问刘明有没有时间，因为有时候刘明会去帮其他同学补课，可每次爸爸妈妈从不会强迫刘明改变帮其他同学补课的时间，而是尽量调整自己的时间。

有时候节假日家人计划出去旅游，时间和地点以及怎么去都会考虑刘明的意见，并且有时候刘明的意见比爸爸的都要好，好几次的旅游方案都是刘明全权负责。爸爸觉得多征询一下孩子的建议，不仅能营造良好的家庭氛围，还能更全面地了解孩子。

甚至很多时候爸爸买衣服都会让刘明一起去，爸爸说："我想买些看起来比较年轻的衣服，就得有个年轻人在一旁提提意见。"

再次，父母向孩子学习也是平等交流的一个好方法。一直以来，都是孩子向父母学习，现在不妨转变一下，让孩子做一次主角，让孩子做一次老师。父母不要以为孩子小，社会阅历不足就什么都不懂，其实孩子在一些方面还是比父母强的。比如对于网络的了解，孩子懂得还是比较多的，如果父母没事的时候想玩玩网游，孩子就是个不错的老师。

婷婷是个比较爱打扮的女孩子，但是妈妈怕她在这方面花太多的心思，每月都不给她太多的零用钱。可是后来妈妈发现婷婷的新衣服依然在不断增多，而且样式都很不错。

妈妈见状，不禁疑惑地问："婷婷，你哪来的钱买这么多的衣服？"妈妈指着婷婷新买的衣服问。

"就是你给的那些钱啊。"婷婷边试衣服边回答。

"我给你的钱能买这么多衣服吗？"

"能啊，网上的比较便宜嘛！"婷婷说完就拉着妈妈在网上看起衣服来，其中有好几件妈妈见了很喜欢，婷婷就帮妈妈在网上买了，还告诉妈妈哪个网店比较好，之后妈妈还不断向婷婷请教一些其他的东西。婷婷觉得妈妈越来越年轻，也越来越像个朋友了。

最后，父母要与孩子做朋友，而且不宜带目的性，有的父母跟孩子做朋友是带有目的的，比如为了套出孩子的真话，就对孩子说只要把真实成绩说出来，爸妈是不会生气的，结果孩子刚说出来父母就翻脸了。父母这么做不仅不会与孩子顺畅交流，反而让孩子更加不愿和父母说话。

父母应多用幽默的方式和孩子交流

据上海某教育机构调查显示，50%以上的中小学生希望自己的父母富有幽默感。可以看出，现代的孩子是很渴望和父母多玩乐，无障碍聊天说话的。很多父母对孩子的家庭教育都是严肃多于宽容，觉得孩子不好好管教就难成大器。

其实严肃性的教育给孩子带来的好处并不多，还有很多弊端。过于严肃的教育，让孩子在心里对父母产生畏惧，有些心里话也不敢和父母说，生怕说错了会遭到批评，这样使本来最亲近的亲子关系疏远了。还有些父母的教育方式不是很严厉，虽让孩子没那么畏惧，但是对孩子的教育并不到位。而幽默式的教育不仅能给孩子带来乐趣，还会让孩子在笑声中获得深刻教育。

小然的父母属于典型的严父慈母型，父亲严肃少言，母亲温和委婉。小然对爸爸从小就有些害怕，只要爸爸一皱眉，小然就会立刻思索一下自己几日来的言行，生怕有些不当招来严厉批评。

于是，小然觉得自己和妈妈比较亲近，学校里遇到一些什么问题，小然都会跟妈妈说，对于小然犯的错，妈妈很少批评，只是告诉孩子这么做不对，你该怎么做。小然也比较听话，但是有时控制不住自己，还是偷偷地会和同学去网吧。

对于小然常犯的错误，妈妈只好一说再说，如果老是不改就让爸爸教育他，这样又会引得小然认为妈妈出卖他，便会和妈妈冷战一阵子，或者有些心事干脆连妈妈也不告诉了。

像小然这样严父慈母型的家庭在生活中还是比较普遍的，很多父母也觉得这样的组合对孩子的教育还是比较好的，可是从小然的例子可以看出这样的组合还是有缺陷的。有的父母会觉得和孩子嘻嘻哈哈的起不到教育的效果，其实只要方法用对效果还是很好的。

小霞是个很讨人喜欢的孩子，可就是有点懒，屋子乱了也不收拾，每次进她的房间都要躲避着她放在地上的东西。家里人为此伤透了脑筋。

一次邻居家的小美来找小霞玩，妈妈带她到小霞房间的时候，见到地上乱放的东西,妈妈微笑着说:"小美,我家小霞想考考你,看看你能不能走出她的'山路十八弯'的迷阵。"妈妈的话让两个孩子哈哈大笑起来,而小霞的房间再也没有乱得没条理过。

妈妈用简单的一句玩笑就解决了小霞的懒惰问题,没有时不时地就对孩子说教,孩子也没有因父母的唠叨而引起的不耐烦。不难发现,很多父母越是命令孩子做某事,孩子就会越反抗。一些不知如何与孩子沟通的父母,何不试试换一种轻松愉快的方式与孩子沟通呢?

首先,父母可以把对孩子的说教换成幽默风趣的话。幽默的话不会让孩子产生隔代的距离感,让孩子与父母交流起来没有压迫感,而且幽默的话不仅不会让孩子产生叛逆心理,还会让孩子更愿意和父母进行交流。

最近出了一部新电视剧,小欣很喜欢看,每天放学一回家,小欣匆匆写完作业后,就坐在电视前面不动了,连吃饭的时间也要守在电视旁边,每天很晚了也不睡觉。爸爸妈妈很担心这样会影响到小欣的学习。

这天,小欣又早早地守在电视前面,都10点多了还没有要休息的意思。之前妈妈好几次叫她去睡觉,小欣每次都会说再等会儿。这时,爸爸模仿着电视里的人物说道:"公主,时候不早了,该沐浴就寝了,千万别熬坏了身子啊。"

爸爸的话惹得小欣哈哈大笑,"爸爸,看不出来你还挺搞笑的嘛!"

爸爸仍面不改色地说道:"公主,早点休息吧,不然小的没法和太后交代啊。"爸爸边说边指着妈妈的方向。

"好吧,既然这样,本公主就不为难你了。"小欣很配合地说道,然后就去睡觉了。

像小欣一样迷恋电视剧的孩子不在少数，但是像爸爸这样劝导孩子的并不多，也很少能像教育小欣这么好的效果，可见幽默式的交流是孩子比较喜欢的。

其次，对孩子的幽默父母应给以配合。有时候孩子会在家中开些小玩笑，父母最好不要漫不经心，或者对孩子说"别闹了，一边玩去"这类的话。这样会使孩子觉得父母不喜欢他这样，以后就不会这么开玩笑了，幽默感不知不觉间被扼杀了。

小菊活泼可爱，每天放学回来，都会给大家一些小惊喜，逗得大家哈哈大笑。有一次小菊放学把同学的帽子戴了回来，爸爸给她开门时，小菊好像不认识爸爸一样，说："叔叔要买帽子吗？很便宜哦。"

爸爸也一本正经地说："对不起，小朋友，叔叔已经有帽子了。我在等我的女儿放学回家，你见过一个叫小菊的女孩吗？"

"那你看我像不像小菊啊？"小菊扬起脸望着爸爸。

"哎呀！这不是我家小菊吗，怎么变成卖帽子的小女孩了呢？"爸爸故作惊讶地说。父女俩的对话，让全家人都大笑不止。

和孩子像朋友一样开玩笑，会让孩子有种受尊重的感觉，且孩子的心情也比较轻松，和父母交流起来，不会有怕受批评而不敢说的紧张感，是一种比较舒适的交流方式。

最后，父母可以给孩子讲一些幽默的故事。幽默的故事可以是一些名人逸事，也可以是父母自己小时候的趣事，这些都是孩子比较好奇的。讲这些故事，可以让孩子了解父母的过去，知晓父母的成长环境，不仅会拉近与孩子的关系，还会让孩子更加理解父母的良苦用心。讲完父母自己的趣事，也可以让孩子讲讲在学校一些有意思的经历，父母就可以深入了解孩子的学习环境，这是在老师那了解不到的。

鼓励孩子多说话，锻炼语言表达能力

语言是人与人交往的基本手段，良好的语言表达能力对孩子的成长非常重要。但是，现在的学校一般比较重视孩子识字的教育，考试的内容也大多是笔试，孩子的语言表达能力并没有受到同等的重视。生活中我们经常听到父母抱怨：孩子嘴巴比较笨，有时候问他件事，说了半天，还是没听懂他要说什么。孩子的表达能力差让父母忧心不已，但这并不完全是孩子的错。

有时候，孩子说话不清楚或者不知该怎么说的时候，父母应耐心地听孩子说完，或是引导孩子表达出他想表达的意思，鼓励孩子多说。让孩子在交流中掌握主动权，而不是烦躁地对孩子说一些"想说什么就说啊，别吞吞吐吐的"之类的话。父母这种不耐烦的语气让孩子有一种犯错的感觉。有些孩子听到这样的话后，就变得更不敢说话了。长期的恶性循环，就会导致孩子长大后表达能力差。

孩子的语言表达能力不好，与人交往的时候就会比较吃力，经常难以表达出自己的想法。久而久之，孩子就可能变得不爱说话，甚至胆小，生怕说错什么。性格也就会变得内向，这对孩子长大后建立良好的人际关系是非常不利的。因此，父母对孩子的语言表达能力应给予一定的重视。

小军上初一了，不仅学习成绩很好，其他方面的表现也经常得到老师的夸赞，比如，歌唱得好听，诗歌朗诵也不错。同学也都喜欢和他一起玩，不仅因为他经常帮助别人，还因为他跟同学说的话总是恰到好处，谁有不高兴的事，总喜欢跟他聊几句。而且他总有讲不完的故事和笑话，经常逗得大家笑得肚子疼。

小军的这些成就离不开妈妈用心的教育，小军很小的时候，每次跟妈妈说话，妈妈总是很耐心地听孩子说完，或者想办法引导小军表达清楚他心里想要表达的事情。

有时候闲着没事，妈妈就教会他唱歌；看到电视里有趣的情节，妈妈总会鼓励小军"重播"一遍；小军识字的时候，妈妈买了好几本故事书让小军看，然后再让小军讲给大家听。

妈妈的教育让小军在上小学的时候就已经是小区里的"小明星"了。

小军之所以能受到大家的欢迎，这与他的能说会道是分不开的。很多的时候一句恰到好处的话，就能让孩子交到一个好朋友，这就是语言的魅力。熟练地运用语言的魅力，是与平时的锻炼分不开的，就像小军一样，很小的时候就已经开始训练了，并且妈妈经常鼓励孩子去表达。

好的父母总是能运用智慧，对孩子进行较好的教育，要想锻炼孩子的表达能力，动一番脑筋是免不了的，可是怎样才能让孩子有个较好的表达能力呢？

首先，父母应对孩子的话给以肯定。有些孩子不善于言辞，对于孩子好不容易讲出的话，父母应先给孩子一个"你说得对"的表示，有了父母的肯定，孩子就会对自己的表达有信心。自信是成功的一半，这句话对孩子的表达能力的培养中同样适用。如果孩子讲的话中有什么不对的地方，先给孩子肯定，然后就孩子不足的地方再慢慢纠正。比如，孩子说水里的金鱼像彩色的石头，父母应先给孩子一句表扬：孩子的想象力真丰富，说得真好；然后纠正孩子不对的地方：鱼是动的，可石头是不动的，这样比喻起来不太好，宝贝再想一个更好的吧！这样不仅纠正了孩子的错误，还激发了孩子表达的欲望。

再次，父母可以让孩子试着讲故事。父母平时可以多给孩子买些故事性的书看，经典名著可以，一般的小说也行。孩子看过后，父母可以让孩子试着讲出来，这是一个比较能锻炼孩子语言组织能力的方法。

小宇小时候说话比一般孩子说得晚，妈妈担心孩子长大后语言表达不清楚，所以孩子学会认字以后，她就不断地给孩子买些故事书看，既可以让孩子认识更多的字，也可以开阔孩子的眼界。当小宇看到一定程度后，妈妈对小宇说："小宇，妈妈上次给你买的故事书，里面有没有特别有意思的故事啊？"

"有啊，好多呢。"小宇答道。

"那你能给妈妈讲讲吗？妈妈想听小宇讲故事。"

"可是我讲得不太好……"小宇有些不自信。

"没关系，对我来说，小宇讲的就是最好的！"妈妈鼓励道。

"那我能准备一下吗？"

"当然可以，准备一下，我们的小宇一定会讲得更好。"

之后，妈妈会经常让小宇给她讲故事，而小宇每讲完一次，就会总结一下不足，下次吸取教训。慢慢地小宇讲的故事越来越精彩，先是每逢小宇讲故事，家人就会齐聚一堂，专心听讲。后来周围的邻居没事的时候也会来捧场，小宇显然已是一个小小演讲家了。

小宇的妈妈真是一个有心人，小宇从认字、看故事书到讲故事只用一种教材，却得到三种收获，这种考虑不得不说花了妈妈很大的一番心思。而小宇也没有让妈妈失望，成了一个小小演讲家，由此可见，让孩子学着讲故事，对孩子表达能力的提高还是很有用的。

　　再次，父母应让孩子多见识外面的世界。见多识广也可以锻炼孩子的表达能力，带孩子去些景色奇丽的地方，让大自然的魅力去激发孩子表达的欲望。比如，带孩子爬山，看到途中有不错的景色，可以试着问孩子："你觉得这里的景色怎么样？"这是一个激发孩子思考的好时机，能让孩子对所见之物做一个心得体会。之后还可以问孩子一些爬山的体会，也可以让孩子对以前爬过的山作个总结，这都是锻炼孩子语言表达能力的好机会。

　　最后，父母应告诫孩子要坚持己见。让孩子大胆说出自己的意见，提出自己的主张，这对孩子以后是很重要的。也许孩子的意见不是那么成熟，但父母应尊重孩子并引导他向更好的方向发展，而不是为了让孩子的意见看起来合理而强制要求孩子改变。

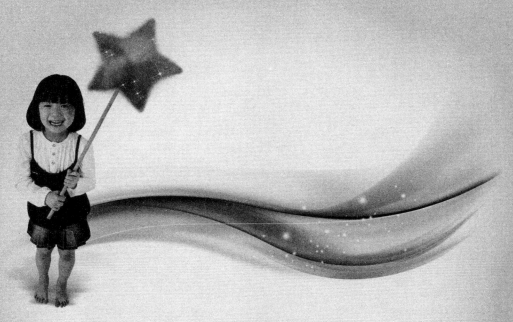

第五章

独立生活，
让孩子减少对父母的依赖

在如今分数决定命运的时代，不少父母为了让孩子多些时间学习，能有个好成绩，平时不让孩子做与学习无关的事情，这样做的结果是孩子成为一个高分低能的人，并不利于其健康成长。为了让孩子能够全面发展，父母有必要让孩子进行生活独立性的锻炼，减少孩子对家长的依赖性。

父母应给孩子一个属于他自己的空间

独立，是每个孩子成长过程中的必经阶段，独立性强的孩子做事比较有主见，并且都带有明确的目的，遇到困难也比较自信和冷静。所以，培养孩子的独立性有利于孩子的健康成长，在孩子长大后，也可以让他能更好地立足于社会。

而如今，父母经常会陷入一种矛盾的现象：嘴里抱怨着孩子不独立，房间的摆设乱七八糟，一点不会自己整理。可孩子一旦房间乱了，父母马上会给孩子规整好。从这个现象不难看出，大多数的父母只是在心里希望自己的孩子长大，实际行动却正好相反，事事替孩子包办，让孩子无法变得独立起来。

父母如果经常替孩子大包大揽，连整理房间这种小事也要参与其中，时间一长，就会让孩子失去独立活动的自主性，对孩子的成长十分不利。

安安上二年级了，自己住一个房间，因为他喜欢有一个自己的空间。安安经常喜欢带同学回家来玩，而且喜欢在自己的房间招待朋友。为了支持孩子广交朋友，爸爸妈妈决定为孩子的卧室添套沙发，方便孩子朋友休息。

沙发的风格也是安安喜欢的那种，沙发送到后，安安立刻按照自己的想法把沙发在卧室里拖来拖去，爸爸见了想帮安安一把，却被安安拒绝了，

"我还没决定好放在哪里呢！"安安擦了擦额头上的汗说。

"放个沙发需要决定吗？你的房间只有那面墙有地方放沙发。"爸爸扫了安安的房间一眼。

"可我不想放在那里。"安安想自己决定。

"你还小，不懂得该怎么摆放家具，爸爸帮你决定，就放在那里了，别的地方不合适。"

"可是那里我打算放书架的。"安安对爸爸的做法有些生气了。

"这好说，爸爸帮你把床往左边挪一下，在这里放书架。放心吧，爸爸会帮你弄好的，你在一边站着就好啦。"爸爸爱怜地说道。

安安没办法，只好任爸爸去布置自己的房间，等到安安的朋友来家玩的时候，安安动员大家把房间按自己的想法布置了一下。爸爸无意去安安房间的时候，发现当初自己给孩子布置好的格局全然不见了，这时爸爸似乎意识到了什么。

从安安的故事可以看出，爸爸替安安布置房间，安安并不满意，但又不知如何阻拦，只好在事后自己再按自己的心愿布置一遍。可见并不是所有的孩子都希望父母为其包办一切，房间的布局是孩子性格的一种体现，父母如果连这个小小的空间都要包办，会让孩子感到压抑，甚至引起孩子的逆反心理。父母应有意识地不再替孩子管理过多的事情，尤其是关于孩子的生活天地，让孩子从具体细微的地方独立起来。

所以，在日常生活中，父母应让孩子自己布置房间。也许孩子会把房间的格局布置得让父母难以接受，但只要孩子觉得好，父母最起码不应反对。

丁丁最近很高兴，因为他刚搬到新家，还有了自己的房间。丁丁决定要把自己的房间布置成最个性的卧室。大家都习惯把床放在靠窗户的地方，但是丁丁并不喜欢阳光，只是在窗台上放了几盆自己喜欢的花。

丁丁把书桌放在了床的旁边，因为他喜欢做会儿作业，就往后向床上一躺，休息一会儿再接着做。也喜欢半夜睡不着的时候，就起来看会儿书。睡觉前，丁丁总会晾杯水在书桌上，渴的话，拿起来就喝。把书桌放在床边，丁丁觉得方便极了。

爸爸见了丁丁布置的房间，觉得难看死了，而且很不科学。"可是，我觉得我布置得很科学啊。"丁丁反驳道。

"孩子喜欢就依他吧，他这么布置，自有他的道理。"妈妈还是很理解孩子的。

"我就是根据我自己的爱好布置的。"丁丁附和道。

"算了，反正是你自己住，你习惯就好。"爸爸见自己是少数，只好妥协。

"太棒了！"对于自己争取到的权利，丁丁很高兴。

在常人看来，丁丁的房间格局也许很不合理，但是丁丁喜欢，这也是他独立个性的体现。丁丁的妈妈是个比较理解孩子的好妈妈，明白孩子也需要有自己的空间，需要为自己做主，所以对孩子的行为给予了肯定和支持。孩子自己布置房间其实就是孩子独立性的一种体现，因为他知道什么样的格局更适合自己，更方便自己，因此，父母应给孩子自己布置房间的权利，从自己的生活天地开始，让孩子学会独立。

父母应让孩子自己装扮墙面。父母为了让孩子把心思花在学习上，这些事一般在孩子还没想到的时候，就给孩子买好了在墙上贴的风景画，或给孩子选好了墙面的颜色。可是如果父母不让孩子自己学着布置自己的房间，孩子长大了该怎么办呢？

小贝喜欢追星，而且同时追好几个，家里买了一大堆明星的海报。海报多了，小贝不知该往哪里放，又舍不得扔，就在床下堆着。

这天，小贝的好朋友小荷来找小贝玩，见到小贝在床下堆了这么多的海报，惊讶不已。"小贝，你怎么不贴在墙上呢，这样看起来多方便啊。"小荷边翻看着海报边给小贝提意见。

"可是妈妈已经确定好用些挂件给我装饰墙了，妈妈说她会想办法帮我处理这些海报的。"小贝漫不经心地说。

"哎呀！小贝不是我说你，你都多大了，这点事还要惊动你妈妈。这是你的房间啊，你的墙上装饰什么你该自己决定。"小荷对小贝这么听话感到不可思议。

"真的可以吗？"小贝有些动心了。

"没问题，你不知喜欢这些海报吗，就拿它贴在墙上不就行了吗？"小荷觉得这就小事一桩。

在小荷的游说下，小贝挑了些感觉较好的海报，然后以各种角度贴到了墙上，还有一些小饰品也派上了用场。妈妈回来后见到小贝的成果，觉得很欣慰："没想到我们小贝还有艺术天赋，自己能把房间弄得这么有情调，看来小贝长大了，自己能管好自己了。"并且妈妈当场决定自己的卧室里的墙也让小贝给装点一下。不久，小贝就回自己整理房间了。

不可否认，小荷的建议对小贝起到了很大的影响，让一直什么事都由妈妈负责的小贝自己做主，装饰起自己的墙来。而妈妈见到女儿自己能做事了，更是由衷的欣慰，并立刻借机会积极引导孩子，让孩子学会自理。

最后，父母可以让孩子自己选择灯具。无论床头的小台灯，还是天花板上的吊灯都让孩子自己选择，父母不参与。此外，还可以鼓励孩子自己选一些装饰性的灯，比如星光灯，布置成孩子喜欢的形状，从一些小而具体的事情开始让孩子摆脱对父母的依赖，自己去完成自己的事。

做自己的主人，自己的事情自己做

在如今分数决定命运的时代，不少父母为了让孩子多些时间学习，能有个好成绩，平时除了学习，不让孩子做和学习无关的事情。但是这样做对孩子真的好吗？成长中的孩子应该是知识和能力均衡发展的，只是学习好的孩子从全面发展的角度来看，那就是一个头大手短的畸形儿，对孩子的生活十分不利。

有些父母觉得替孩子打理好生活上的一切，等于为孩子扫平了学习路上的障碍，孩子学习好了，人生大事就没什么问题了。可是父母不要忘了，自理自立的能力是在课本上学不到的，而孩子长大后总要离开父母的，到那时候父母该让孩子怎么办呢？

小洁每学期都会有一天噩梦，但这个噩梦不是考试，而是学校的大扫除。每次大扫除老师都会分配同学不同的任务，但无论老师分配给小洁什么任务，小洁总会搞出点乱子来。上次大扫除，老师分配给她的任务是拖地，但是小洁不知道要先把拖布弄湿才能拖地，同学见到她那笨拙的样子，一个个都忍不住大笑起来。

上学期的阴影还没驱除干净，这学期的大扫除马上就到了，时间越近，小洁就越紧张，但这天还是来了。这次还好，老师让小洁负责她座位旁边的一扇窗户和下面的几张桌子。当听到老师让她擦窗户的时候，小洁暗暗舒了一口气，虽然玻璃没擦过，但小洁觉得这难不倒她。

可事情说起来简单做起来难。眼见别的同学都要完工了，可是小洁才擦了两块玻璃，而且还不干净。小洁越想越丧气，只好匆匆擦一遍了事。当老师检查同学打扫得是否合格的时候，远远看到小洁的玻璃是最脏的。老师知道小洁是有名的娇娇女，对此并不意外，但老师觉得擦桌子这么简单的事情小洁应该能做好，但当老师见到满是脚印的桌子时，不禁惊呆了。"小洁，你为什么不擦桌子呢？"老师耐心地问道。

"我擦桌子了啊……"看到满是脚印的桌子时，小洁才意识到擦好的桌子在擦玻璃的时候又给踩脏了。

"小洁，你不会不知道先擦玻璃再擦桌子吧？"一个同学忍不住问道。

"我现在知道了……"小姐感到很不好意思。不一会儿，在大家的帮助下，小洁的任务总算完成了，而小洁在心里暗下决心，以后再也不要妈妈帮她做这做那了，她要自己学着做。

因为小洁是个什么事都是妈妈代管的娇娇女，所以学校大扫除中一些简单的事情，小洁都不会做，然而这对小洁并不是件坏事，因为小洁已经下定决心不再依赖妈妈了。从小洁的例子可以看出，父母越俎代庖替孩子做过多的事情对孩子并不好，这会让孩子难以适应社会的需求。

独立意识是孩子全面发展的基础。孩子的独立性越强，孩子的各方面发展就越好。但现在的孩子独立性却很差，据北京市某教育机构调查显示，低年级学生30%不会洗脸，40%不会穿衣服，90%以上不会自己整理书包；中年级60%多不整理房间；高年级70%不会做饭。这意味着父母应及时调整自己的教育理念，改变关心孩子的方式。

首先，父母应教会孩子自己整理书包。整理书包似乎是件小得不能再小的事情了，可是，就这件小事有的孩子却不会。父母不应老觉得孩子小，什么还都不会，因为对于一个已经上学的孩子来说，整理书包并不是一件难事。

小樱刚上学的时候，妈妈觉得孩子小，不会整理书包是件很正常的事情，也没在意，就帮孩子整理了。可后来，妈妈看到邻居的孩子都是自己整理书包的，但是小樱还不会。妈妈开始反省，是不是自己为孩子做得太多了，其他小孩子能做的，小樱应该也能做。

于是，当天晚上妈妈开始有意识地提醒小樱："小樱，你也长大了，不能老依靠妈妈了，你得自己学着整理书包了。邻居小辉和小静都是自己整理书包的，妈妈相信你也会的。"

小樱虽然有点不愿意，但还是在做完作业后，自己试着整理起来。妈妈见到小樱肯自己整理书包，很高兴。"需要妈妈帮忙吗？"妈妈亲切地问道。

"不用了，我知道根据课表拿明天需要的课本就行了，对不对？"小樱问道。

"很对，但要看仔细，不要落下东西就行了。"

"我应该没什么落下的了，我已经检查一遍了。"小樱试图让自己自信些。

但是小樱还是落下东西了，因为上节课老师要求同学们带练习册，小樱把这件事给忘了。妈妈给小樱出了好主意，让小樱把老师下节课让带的书记到一个小本子上，这样整理书包的时候可以拿出来看看，就不会出现忘带东西的情况了。

小樱的妈妈是位懂得反省的母亲，在看到别的小朋友可以自己整理书包时，立刻想到了自己的孩子，并且妈妈教育孩子付诸行动也很快，当天就开始让小樱自己整理书包。在小樱出现问题的时候，及时地给孩子出点子，帮孩子解决问题。

其次，父母应让孩子学会叠被子。很多孩子都有不叠被子的习惯，也许是因为早晨上学匆忙，也许是因为懒，还可能因为孩子就是不想叠被子。不论哪种原因，父母都应让孩子自己的事情自己做，而不是替孩子叠。

小韵学习成绩一直很好，在家里妈妈很宠这个宝贝女儿，什么都替女儿打理得井井有条，简直就是小韵的生活秘书。

今年小韵以优异的成绩考进了重点初中，由于学校离家比较远，妈妈舍不得女儿天天奔波，便让小韵住校。可是小韵在学校里住得很不习惯，衣服扔得床上到处都是，被单还是其他同学帮忙套好的。前几次检查卫生，宿舍同学怕被连累扣分，帮她叠了几次被子，但时间一长，同学们就受不了了，经常督促她把自己的床铺收拾利索点，但是小韵叠出来的被子就是歪歪扭扭，要多难看有多难看。

周末，小韵回家时，对妈妈哭诉了在学校的事情，发誓再也不去上学了，妈妈听了干着急，却不知该怎么办。

小韵学习好，但是生活能力却很差，被子都叠不好，这就是从小依赖成性造成的。解决小韵这样的问题，就是要让孩子自己打理自己的生活，因为人生中很多事，都是别人代替不了的。

最后，父母不要给孩子打扫房间。有些男孩子对房间的整洁注重的比较少，觉得脏一些、乱一些没什么，如果脏乱不是很过分的话，父母大可随孩子去。而如果孩子的个人卫生情况很糟糕的话，父母可以教孩子一些有关卫生疾病的知识，让孩子意识到不卫生的危害，然后鼓励孩子养成讲卫生的好习惯。

教孩子自己制订作息计划

现在很多孩子对父母过于依赖，不仅衣服要妈妈洗，房间让妈妈整理，就连每天起床睡觉都要父母督促，一点作息规律都没有。尤其是早上，孩子经常因为睡懒觉而不起床，孩子自己不能按时起床说明孩子不会规划自己的时间，这会对孩子的成长造成严重后果。当孩子对自己的时间没有一点规划时，就等于不知如何利用自己的生命。虽然听起来有点夸张，但事实确实如此。不会为自己制作作息计划的孩子虽然在学校和家庭中表现得很听话，十分乖巧，却不会自己思考，无法让自己成为生活的主角。

因此，父母应逐渐放手让孩子安排自己的生活，让他们根据自己的喜好、学习量身定制一个较好的学习计划，作为孩子独立的第一步。坚持有规律地生活和学习，就会让孩子养成良好的习惯。而好的习惯无论从生活上还是学习上都会给孩子带来意想不到的收获，古今中外的成功人士多数都有好习惯。

小念是个游戏迷，每天晚上都要玩到12点才肯睡觉，每天早晨眼看要上学迟到了，才起来匆匆忙忙穿好衣服，然后饭也不吃，就跑着上学去了。

由于睡眠不足，小念上课的时候经常打盹，所以小念的成绩也不好，妈妈很担心小念会一直这样下去，每天苦口婆心地督促小念少玩会儿游戏，早点睡觉。小念也知道自己这样下去不好，但却不知道该怎么办。

这时，爸爸建议让小念根据自己的情况自己定制一张作息表，按照作息表的时间去作息，小念觉得这个主意不错。可是制定的时候，小念却不知该把什么放入计划中，比如，每天放学后写作业，然后再做些什么就不知道了，因为他以前除了应付作业的时间都在玩游戏。

看着孩子为难的样子，妈妈忍不住提醒道："你的功课落下了那么多，是不是该补补啊？你还可以想想，除了游戏，还有没有别的爱好。"

有了妈妈的提点，小念又加进去了复习以前的功课、听音乐和练字这几项，时间的长短都是自己安排的。做完计划之后，小念想让妈妈看看，妈妈说："有什么不足的，以后慢慢改，现在最重要的是要正常休息。"小念点了点头，觉得妈妈说得很对。

第一天，小念很不习惯，早早地躺在床上却睡不着，因为他已经习惯了晚睡，没躺一会儿，小念又有了玩游戏的想法。小念挣扎了一下，还是打开了电脑，"从明天开始，我就好好遵守。"小念对正在玩游戏的自己说。

第二天，小念又没起来，爸爸妈妈都很失望，小念自己也很内疚，想让妈妈每天监督他。但爸爸说："小念，命运是握在自己手里的，一个人只有自己管得了自己，才有资格去做别的事情。"

晚上小念到了计划的时间还是睡不着，但当他一想游戏的时候，就会想到爸爸说的话。终于，小念第一次征服了自己，没有玩游戏，爸爸妈妈知道了，露出了欣慰的笑容。第一次的成功给了小念很大的信心，渐渐地，小念适应了新的睡眠时间，作息时间正常了起来。

小念因为贪玩游戏而导致无法正常学习，而制定作息计划第一天却执行失败，说明形成一个坏习惯比较容易，但是改掉它却很难。而爸爸的话让小念克制住了自己，说明孩子的意志力还不是很坚定，需要父母的帮助才行。孩子刚刚开始，不是所有的事情都可以办得完美，父母要做的不是代劳，而是指导。

父母应让孩子学会制订作息计划。让孩子从"听话"模式中走出来，自己安排时间，孩子不知道该怎么做的话，父母可以指点孩子自己去查资料，看看别人是怎么做的，然后让孩子琢磨自己该怎么做，父母尽量不要插手。

小芬升初一了，时间也紧了起来，随之而来的大量的作业让小芬不知该如何分配时间。老师在课上建议同学们自己订个作息计划，这样学习起来会比较方便，小芬听了老师的建议，也想做一个作息计划，但是没做过，于是回家向妈妈求助。

"小芬，你都上初中了，这点小事应该学着自己做了，你不能靠妈妈一辈子啊。"妈妈头疼地看着什么也不愿做的女儿。

"可是我没做过，不会嘛！"小芬开始向妈妈撒娇。

"妈妈可以教给你办法，也可以给你提建议，但妈妈是不会替你做的。"妈妈下定决心不再让女儿这么依赖。

见女儿终于有了自己动手的意思，妈妈建议说："你可以到网上查一查，先看看网上是怎么做的，然后也可以问问你的同学，毕竟你们的课程是一样的，最后还有什么不懂的可以问妈妈。"

小芬只好按照妈妈说的，自己先在网上搜了些资料，然后根据自己课程的情况，做了个表的雏形，又跟自己的同学商量了一下，发现同学各有各的想法，值得借鉴的很少。小芬自己又想了想，在周末给自己留了点看小说的时间，但又不知道这个时间该定多少比较好。

最后，小芬将耗掉她大半天时间才做好的作息表让妈妈看，想让妈妈看看是否有些不合理的地方。"唔，没看出来，小芬做得不错嘛！"妈妈大致看了一下之后，给了小芬一个赞赏，"不过，这个吃午饭的时间是不是有点短，吃得太快对胃口不好，这个时间可以延长一些，你也可以趁着吃饭多休息一会儿，你学了一上午，多休息一会下午才有精神。"

"我这就改一下，其他的地方呢？"

"其他的还好，有问题的话你可以根据自己的情况再改一下。"

有的孩子像小芬一样，不是做不好，就是不想做，这时父母应该像小芬妈妈那样"狠下心"来，让孩子自己做，自己去想办法。从而让孩子渐渐摆脱对父母的依赖，自己学会支配时间，做时间的主人。

父母应鼓励孩子坚持执行自己订制的作息计划。如果说把孩子自己制订作息计划比作创业的话，那么让孩子执行自己的作息计划就是守业，古来守业更比创业难。因此父母应想办法让孩子既能"创业"更能"守业"。

正在读六年级的小涛想考个好一点的初中，兴致勃勃地给自己订了个升学计划，但是，不到一周，计划就中断了。原来小涛喜欢赖床，给自己订的早起背英语的计划都在睡梦中泡汤了，而随后其他的计划也随之都乱了。

爸爸见状，给小涛讲了一个故事："传说只有两种动物能登上金字塔的顶端，一个是鹰，一个是蜗牛。没有天生的翅膀，要想登上心中的金字塔，就只能像蜗牛那样，每天坚持不懈地努力。你明白爸爸的意思吗？"

小涛羞愧地点了点头，从那天起，小涛在对着床的天花板上贴了一张蜗牛的画，以激励自己，而小涛的计划再也没有中断。

小涛的这种计划中断的情况在孩子中是很常见的，而坚持本来就是不太容易的事，在孩子难以坚持的时候，父母可以像小涛的爸爸一样给孩子讲一些有教育意义的故事，给孩子以坚持的动力。做了计划却不坚持，不如不做。

父母应教孩子对计划做一些灵活的变通。世上没有不变的法则，而生活中也随时有意外发生，因此，在坚持计划的同时父母也要懂得变通。比如孩子放寒暑假的时候，就没必要再让孩子像平时那样紧张了，可以让孩子多休息、多玩一会儿，但是要把握一定的度，不可让孩子玩通宵，然后白天大睡。

让孩子从做饭中学到"糊口"的本领

古人有云：民以食为天。这说明了吃对人的重要性。而且中国的饮食文化博大精深，几大菜系更是名扬大江南北，对于这些，很多孩子说起吃来可能头头是道，什么菜好吃，什么粥令人回味无穷。但是会吃的孩子大多数都不会做。男孩可能会说"君子不入厨房"，而女孩很可能会说"都什么年代了，女孩还学做饭"。

其实，做饭与君子或时代并没有什么关系，让孩子学做饭只是让他们可以在步入社会后有个基本的生存本领罢了。毕业后有条件每天在饭店吃饭的人毕竟是少数，所以让孩子从小学点做饭的本领还是必要的。

有的父母担心孩子小，不会用电磁炉、煤气灶等一些器具，也有的怕孩子会出现意外，不让孩子做。可是父母如果一直不让孩子去做的话，那孩子长大了还是不知道该怎么用，出现问题一样不知该如何面对，与其等孩子长大后不知该如何养活自己，不如现在就教孩子生活的技巧。

小满上五年级了，长得小巧玲珑，为人活泼可爱。由于爸爸妈妈经常出差到外地，家里就剩小满自己一人，别看小满个子不高，但是会的却不少，洗衣做饭所有的家务都难不倒小满。

父母不在家的时候，小满经常一个人做饭，有时候觉得一个人冷清，还会叫几个关系比较好的同学来跟她做伴，尝过她手艺的同学都说小满做的菜好吃，都争着要给小满去做伴，想跟小满学两手做饭的本事。

小满这么能干得益于妈妈的教导。小满很小的时候，妈妈就开始教她学择菜、洗菜，而小满整天在厨房待着，看着妈妈熟练的样子，自己也想试试。妈妈得知孩子想做饭后，很高兴地倾囊相授。

不久小满的第一份菜出锅了：菜切得不好看，盐也放少了，小满对自己的成果不是很满意。看到孩子沮丧的样子，妈妈安慰道："小满第一次做菜能做成这样已经很了不起了，我第一次烧菜的时候，生怕不熟，火开到最大，结果一盘绿油油的青菜让我做成了黑乌鸦。"妈妈的话逗得大家哈哈大笑，小满心里也不是那么不难过了。

接着，妈妈又教给小满很多做饭的技巧，比如，菜怎么切既好看又容易入味；不同的菜火候不一样；菜跟菜的洗法也不一样。妈妈教得耐心，小满学得也很用心，再加上多年的练习，小满现在的厨艺已是炉火纯青了。

"小满，最近你爸爸妈妈有没有出差啊，要不要我去陪你啊！"瞧瞧，同学小雪都已经主动来预约了。

虽然爸爸妈妈不在家，但可以看出小满一人仍过得有声有色：自己下厨，请个同学相伴，可以看出小满已经是个相当独立的女孩了。家里没人的时候，很多孩子会选择去外面吃，有的孩子还会想趁机改善一下，去吃顿好的，这样很容易让孩子养成好逸恶劳、喜欢享受的毛病，因此父母应想办法从小培养孩子做饭的本领。

首先，父母应先教会孩子做些简单的饭菜。很多孩子并不喜欢做饭，为了培养孩子的生活技能，父母可以挑些简单的饭菜让孩子做，比如拌个凉菜，只让把菜切好，放点调料就可以吃的那种。这样做起来简单，孩子也比较容易学，不会对做饭产生较多的反感。

　　小非的奶奶生病了，爸爸工作时间调不开，于是，妈妈打算去医院照顾奶奶一阵子。但这却给小非带来了很大的苦恼：妈妈不在家，吃饭怎么办？总不能天天到外面吃吧。妈妈对小非的不高兴感到不可思议："怎么啦，闷闷不乐的样子？现在是不是觉得舍不得跟妈妈分开啊，妈妈也舍不得你呢！放心，我会时不时来看你的。"妈妈打趣道。

　　"你不在家，谁给我做饭？"小非"开门见山"地问道。

　　"当然是你自己了，难道还要给你请保姆。"妈妈撇撇嘴说。

　　"可我不会啊……"小非很可怜地看着妈妈。

　　"没关系，我教你几个简单的菜谱，够你应付这几天了。"妈妈觉得这是一个教小非学做饭的好时机。

　　"看，这黄瓜切好后，放点盐和酱油、醋……再放点味精，拌一下就可以了。"妈妈边做边给小非做示范。

　　"这样就好了？"小非指着妈妈三两下就弄好的凉拌黄瓜。

　　"现在你学点简单的就好，等奶奶病好了，想学妈妈再教你别的。现在，你再学个煮粥就可以了。"妈妈又把煮粥的要领说了一遍，小非边听边记。

　　小非第一天自己在家的时候，按照妈妈的说法，自己开始做饭，并不时看一下"笔记"，妈妈说的时候忘了告诉小非放多少盐，小非自己凭感觉放了点，但还是弄咸了。不过大体上还可以，小非对自己的手艺还是比较满意。

　　奶奶生病，小非要一人在家，妈妈很敏感地发现了这个机会，让平时不做饭的小非临时学两手，虽然菜做得比较简单，但总比不会强。对于做饭，父母应像小非妈妈一样，让孩子由简单的入门，至于以后的修行，还是看孩子的意愿较好。

其次，父母要让孩子注意卫生。现在的很多蔬菜都有农药残留在表面上，对此父母应告诫孩子，能去皮的要去皮之后再用，无法去皮的，要多洗几遍；刷锅洗碗的时候要认真，不要碗洗过之后还有饭粒；厨房的垃圾要及时扔，不要堆积，以免滋生细菌。

再次，父母应提醒孩子做饭的时候注意安全。做饭不可避免地要与菜刀、煤气或电接触，因此，父母在教孩子做饭的同时，也要教孩子一些相关的安全知识。切菜的时候，提醒孩子要集中注意力，千万不要在切菜的时候东张西望，这样容易切到手。煤气用过之后要记得关掉，尤其是煤气罐上的开关要拧紧。

最后，父母应让孩子做好收尾工作。有的孩子做完菜之后就觉得万事大吉了，可做饭时用的东西都不规整。父母可以有意识地让孩子做完饭后收拾厨房，比如：用过的菜刀要洗净，放回原处；菜板也要洗干净；锅盖要好好地盖到锅上。这样的事情让孩子多做几次之后，孩子就不会做完饭什么都不管了。

让孩子学会生活中的避险与自救

近年来，频频发生的中小学生人身意外伤害事故使学生安全问题受到越来越多的关注。看过一桩又一桩的悲剧，人们忍不住会发问：为什么会出现这样的悲剧？如何才能避免这些悲剧？

孩子之所以会出现意外，大部分的原因是孩子安全意识薄弱，不懂得避险与自救。据哈尔滨某媒体调查显示，90%以上的孩子不懂得避险自救知识，而其中学生横穿马路、违规骑车、乘车不系安全带等危险行为发生率最高，均占40%以上。

孩子的安全，对父母来说是最重要的，但也是最容易忽视的。很多父母会记得给孩子过一个快乐的生日，也会记得天凉的时候给孩子加件衣物，但很少有父母会记得在平时的生活中教给孩子一些必要的安全常识。其实，让孩子掌握一些避险自救的知识和本领，是避免安全事故比较有效的办法。

小欢上五年级了，平时没什么爱好，就是喜欢看书，这使他懂的知识比一般的同学多很多，朋友都称他"小诸葛"。

小欢因为怕妈妈担心，每天放学都是按时回家，然后写作业，等妈妈回来做饭。今天老师留的作业比较多，小欢回到家后见爸爸妈妈都还没回来，就回自己的房间写作业去了，

突然，小欢闻到了一股烟味儿，于是小欢打开门想看看什么情况，发现

邻居家着火了，而且大有蔓延到他家的趋势，因为火苗已经开始舔他家的墙壁了。

一阵火苗蹿了过来，吓得小欢立刻关上房门。一时之间，小欢大脑一片空白，不知怎么办才好，"冷静，冷静……"小欢不断地对自己说。

等自己静下来后，小欢开始回想起妈妈以前告诉过他，遇到火灾的时候该怎么办，自己看书的时候，也看到遇到火灾逃生的办法。于是小欢赶紧关紧自己家的房门以防浓烟飘到屋子里，用手机拨打119，然后跑到阳台上去呼救。

不一会，周围的邻居和消防人员陆续赶来，消防人员从阳台上把小欢救了下来，及时控制了火情。事后，消防人员都夸小欢是个聪明勇敢的孩子，遇到这么危险的事情还能这么冷静。小欢听了有些不好意思地笑了笑。

爸爸妈妈听到着火的消息，立刻匆匆地赶了回来，看到儿子安然无恙后，都长长地吁了一口气。"小欢，把你吓坏了吧？"妈妈关心地问道。

"还好啦，刚开始看到火的时候，真的吓坏了。后来我关上门，告诉自己冷静，然后回想当初你教我的逃生法则，我就打了119。"

从小欢的故事中可以看出，小欢能安然无恙靠的是两个东西，一个是冷静，一个是避险知识，两者缺一不可。现在多数孩子心理素质较差，遇事慌乱，不冷静也是孩子在遇到危险时难以脱身的原因之一；但当孩子有了一定的避险知识后，就会有逃生的自信，使自己从容对待意外情况。父母在教孩子避险与自救知识的时候，也应教孩子一些预防措施，做到预防为主，防治结合。

首先，父母应教孩子安全用电。现在的生活已经离不开电器，为了保证

第五章 独立生活，让孩子减少对父母的依赖

孩子安全，不让孩子用电器的想法显然不现实。其实，只要孩子掌握了正确的的使用方法，发生意外的几率是很低的，因此，家长有必要告诉孩子家里每件电器的使用方法。为了防止孩子不听话造成意外，父母可以把不正确使用电器的后果告诉孩子，让孩子知晓轻重。

每天晚上写完作业和爸爸一起看新闻是小夕的习惯。这天数学题比较难，小夕做完作业之后，新闻已经开播很长一会儿了。"发生什么事情了，怎么这么多人？"小夕指着电视屏幕说。

"一个小学生用湿手插电源，被电到了。"爸爸漫不经心地说，但是爸爸好像忽然之间想到了什么，对小夕说："以后你在用电器的时候，一定要按照说明书上说的用，不要自己瞎闹腾。"

"我那是实验，不是瞎闹腾。"小夕为自己辩解道。

"把导线插进插座也是实验？万一被电到怎么办？"爸爸严肃地说。

"爸爸，你不要咒你的儿子好不好？我怎么可能会那么倒霉？"小夕满不在乎地说。

"你爸爸也是为了你好，用导线插插座是很危险的，我单位前阵子请假的同事，他的孩子就是跟你一样，结果手被电残废了。"妈妈想用身边的例子告诫孩子。

"真的啊，这么恐怖！"小夕有些害怕了。

"就是那天来我们家的小明，你见过。所以你要长点心，发生在别人身上是故事，发生在自己身上就是悲剧。"妈妈苦口婆心道。

"我知道了，以后不会了，我马上把那导线给扔了。"小夕保证道。

孩子难免有些好奇心理，就像小夕一样，想用导线插插座，做实验。不安全用电是件很危险的事情。孩子有好奇心是好的，但父母应保证孩子好奇的探索不会带来危险。简单来说，孩子在生活中可能会遭遇到触电、火灾、交通意外等危险的情况，家长应及时给孩子讲解避险与自救的常识。

教孩子避免触电。告诉电器不使用时要关掉电源，不能用湿手触摸电线、插头等电器设备；搬动电器时要先拔掉电源插头。户外玩耍、攀登高物时，要远离配电变电设施，也不能在架设的电线附近放风筝。如果发现有人触电时，不能伸手去拉触电者，而应及时报警或呼喊成年人相助。

告诉孩子防火常识。家长应告诉孩子不应把玩火柴、打火机等物品，在点燃蜡烛等东西时注意避免失火。家用燃气等有火灾危险的设备应在使用完后及时关闭总开关。告诉孩子燃放烟花爆竹应在家长的陪同下进行，不能自行去燃放。让孩子知道家里哪些地方容易出现火灾和如何报警。家长还应教孩子学会识别和应用消防通道避灾，以及火灾发生时的逃生技巧。

教孩子避免交通意外发生。家长应告诉孩子出门一定要谨记以下交通规则，以免遇到交通事故：遇到交通事故时要及时要拨打电话报警，不要乱穿马路，必须在人行道上行走，若没有人行道则靠路边行走；横过车行道时，一定要走斑马线人行道；不要在道路上玩耍、踢球、扒车、追车、强行拦车或抛物击车，不要在道路上做妨碍交通的事；在乘坐机动车时，不要将身体的任何部分伸出车窗外；不要翻越马路上的交通隔离栏；不满12岁的儿童不准骑自行车，不能在人行道或马路上学骑自行车。此外，孩子在外还要注意以下三种情况：不要从静止的汽车之间穿过；注意道路拐弯处的危险；不要在街头巷口玩耍。

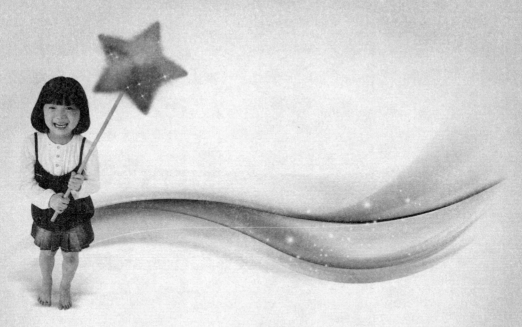

第六章

独立思考，
孩子迈向成熟的第一步

生活中，孩子在分析、评价一个人、一件事的过程中，往往会受身边父母、老师、同学的影响，人云亦云。这对孩子人生观、价值观的形成是十分不利的。为了让孩子对客观世界有一个清晰、正确的了解，父母应从小引导孩子独立思考，让他能对事物作出更加客观、公正的评价。只有这样，孩子才会随着年龄的增加而逐渐成熟。

让孩子学会客观的看待事物

日常生活中，人们常常喜欢凭自己以往的知识和经验看待问题，在教育孩子时，也喜欢把这种思维方式教给孩子，最后导致孩子对事物产生一定的偏见，对许多事情产生了刻板的印象。比如，人们常说"生意人都很狡猾"、"犹太人都很吝啬"、"男人都不爱讲卫生"、"女人都不爱讲道理"等，这些结论一点也不客观，是带有偏见的评论，如果孩子对待事物有了这些印象，对他将来的生活和学习会带来很多不必要的麻烦的。

人一旦有了偏见，就不会客观地去看待周围的人和事，就像故事中出手阔绰的女孩一样，喜欢把人看"扁"。这是因为偏见会像一堵厚厚的石墙挡住人的视线，让人无法看清人、事、物的本来面目，进而无法公正、客观地去分析问题。

孩子在分析、评价一个人或一件事的过程中，往往会受身边父母、老师、同学的影响，人云亦云。这对孩子人生观、价值观的形成是十分不利的。所以，为了让孩子对客观世界有一个清晰、正确的了解，父母就应从小引导孩子仔细思考、冷静判断，让孩子在了解问题的各个方面后作出更加客观、公正的评价。比如，经常引导孩子进行换位思考。

8岁的小男孩赵小白有一天回家后闷闷不乐的。

爸爸问："小男子汉，今天情绪不高啊，遇到什么烦心事了吗？"

赵小白犹豫了一会儿说："爸爸，今天我的电子词典不见了，同学们都觉得是雷雷偷的，我也怀疑是他，可他自己不承认。"

"你们为什么怀疑他呢，有什么证据吗，还是有人亲眼看到他拿了？"爸爸问。

赵小白回答道："这倒没有。只是，大家都觉得雷雷平时不爱搭理我们，大家出去玩的时候，他经常一个人待在教室里，今天他就一个人在教室里待了很长时间。而且同学们都说他家比较穷，没有给他买太好的学习用品，他很羡慕我们用的这些文具，所以他偷东西的嫌疑最大。"

"原来是这样啊。你们没有证据，就不能这样主观地断定是雷雷偷了东西，知道吗？你反过来想想，假如雷雷丢了东西，他一口咬定是你偷的，你会有什么样的感觉？"爸爸问。

"我当然很生气，很难过啊！我是个好孩子，绝对不会偷别人的东西的。"赵小白说。

爸爸继续问："那么，你又怎么知道雷雷不是好孩子呢？只因为他家经济条件不好，又不喜欢和同学们一块儿玩，你们就说他会偷东西，这对他是不是不公平呢？万一是你们错怪了他，他该有多难过啊！你不能这样不客观地去看待和评价一个人，要学会换位思考。"

赵小白仔细想了想爸爸说的话，然后点点头说："爸爸，你说得对，我不能冤枉别人。这件事我会告诉老师，让他帮我找电子词典。如果不是雷雷拿的，我一定向他道歉。"

后来，在老师的帮助下，赵小白找到了电子词典，原来是他去电子阅览室听过课后落在了那里。于是，赵小白和其他同学一起真诚地向雷雷道歉。

孩子往往比较在意自己的感受，很少会设身处地站在别人的角度思考问题，这使他们很容易就会产生从众心理，别人怎么说他就跟着怎么说，不会客观地去看待事情。所以，要让孩子公正、客观地看待问题，父母就应时常引导孩子进行换位思考，站在他人立场上体会对方的感受。孩子是具有独立意识的个体，他们会很在乎别人对自己的评价，也很想得到他人的认同与肯定。而经常受人夸奖、赞美的孩子，会很注意维护自己的形象，不会轻易做出不受欢迎的事。所以，父母应鼓励孩子与周围的小朋友互相赞美，让孩子寻找到同伴身上的优点与长处，而不是紧盯着对方的缺点，这样孩子就不容易对同伴有偏见。

父母要让孩子自己学会思考，学会客观地去看待问题，哪如何自己思考呢？

父母应从小教育孩子，要时刻学会思考问题，经常保持对外界事物的体谅和宽容，在思考中学会客观地看待我们生活的这个世界。要让孩子学着更深入地了解周围的事物，不要用有色眼镜去看待它们，否则，这会影响孩子对周围事物的客观判断的。

告诉孩子：独立思考也要讲方法

思考是人们的思维活动，而在思维活动中，思维方法起到十分重要的作用。没有正确科学的思维方法，人们的思维活动就达不到事半功倍的效果。

对孩子来说，不仅要掌握基本的思考方法，还要形成良好的思维习惯，多独立思考问题，不依赖父母和他人。这样才能让孩子在学习和生活中更好地处理问题。比如，孩子在学习中遇到了问题，可能习惯去问同学或父母如何解答，如果父母鼓励他自己思考，并在他思考之后给予一定的奖励，那么孩子就会慢慢养成习惯，以后再遇到问题，就会根据以往的思考结果去解决问题，这样成功的机会就会大大增加。而且，当孩子在生活中遇到纠纷的时候，也同样会从各个角度看待问题，然后想出比较合理的解决办法，对孩子的成长十分有利。

很多孩子对周围的事物感到好奇，总喜欢问个为什么。比如，下雨的时候，孩子会问为什么会下雨，看到电视上报道地震时，孩子可能会问，为什么会有地震。对于孩子不停地发问，有的父母可能会觉得孩子比较厌烦，不愿搭理孩子，更有甚者，就会生气地对孩子说：哪来的这么多问题，烦不烦啊！父母这么做其实是不对的，因为一句无心的指责就很可能扼杀掉孩子对新事物的好奇心，而好奇心是开启孩子思考、探索新事物大门的钥匙。

孩子的成长离不开思考，而问问题就是思考问题、有求知欲望的表现，如果父母对孩子的求知行为不给予支持的话，那么孩子以后就难以培养开放性思维，形成独立思考的习惯。

所以，父母应多让孩子独立思考问题，不要打击孩子的好奇心和好学精神，要经常引导孩子发问，刺激孩子的大脑积极思考，培养孩子的思维能力。父母还应多让孩子见识新奇的事物，开阔孩子的眼界，也能促进孩子思考。

小飞是个头脑灵活的孩子，对于周围的事物总是要看个仔细，当他盯着某个东西看的时候，同学们总会说他又在给什么东西相面了。但小飞并不在意，因为妈妈曾告诉他一句伟人说过的话：世界并不缺少美，而是缺少发现美的眼睛。于是，小飞立志要把自己的眼睛变成"发现美的眼睛"。

冬天下雪的时候，同学们总爱在校园里打雪仗、堆雪人。一天，老师即兴问道："同学们这么喜欢雪，有谁知道雪是什么样子的？"

很多同学都回答是六角形的，但是小飞却仔细观察了很久，并写了一篇文章交给老师。小飞从大量观察中发现，雪花主要有两种形状，一种是比较长而且细的，像根针，还有一种六角形片状，像朵美丽的花。

老师对小飞的观察结果十分满意，在课堂上给予表扬，并希望同学都像小飞学习。老师还让小飞说说为什么他会观察这么细致。小飞说："妈妈平时教我要仔细观察，不只是对身边的事情，还有周围的人。妈妈说观察也是一种思考，看得多了，就会明白很多事情。所以我就养成了观察的习惯。"

小飞喜欢观察的习惯是从小养成的，可见小飞的妈妈是个聪明的母亲，因为她知道所有事情的解决，第一要做的就是观察。小飞妈妈所说的观察，其实就是思考方法中的观察法。观察是思考的前提，也是启迪孩子思维的基本方法之一。但是，除此之外，还有很多其他启迪孩子思维的基本方法，这些方法，都可以提高孩子的独立思考能力。

比较思维法。比较，可以分为同类事物间的比较和不同类事物间的比较，可以比较相同之处，也可以比较不同之处。父母要让孩子在日常生活中多观察、多比较，找出事物间的相同点和不同点。

周末妈妈带小梦去公园玩，此时正值秋天，落叶缤纷，走到湖边时，小梦指着湖里的落叶说："妈妈，你看树叶都掉到水里了。"

"小梦，你看树叶随水飘啊飘，像什么啊？"妈妈微笑着问道。

"像小船！"小梦不假思索地说道。

"对，小梦真聪明，你是怎么想到船的呢？"妈妈引导小梦思索着。

"它们都能在水里漂着走。"小梦想了想说道。

"小梦真厉害，我们祖先就是受到这样的启发，发明了船，看来我们小梦也能做得跟祖先一样好呢！"妈妈笑着夸赞小梦。

"妈妈，你笑话我呢，我哪能跟祖先比呢！"小梦很不好意思地说道。

这时，一群大雁成人字形飞过，妈妈指着天上的大雁又问道："小梦，你觉得那大雁像什么呢？"

此时的大雁伸展着翅膀从天空滑翔而过。"我觉得像飞机，妈妈你看呢？"小梦想知道妈妈的看法。

"小梦想的一点也不错，能从不同的东西发现相同的地方，值得表扬哦！"妈妈笑着说道。

回家的路上，妈妈买了些苹果，"小梦，你看这些苹果哪里不一样呢？"妈妈希望小梦能发现其中的不同之处。

"它们大小不一样……颜色也不全一样……"小孟边观察边说。

"还有呢？"

"形状也不一样，吃起来的味道会不会也不一样啊……"小梦望着妈妈说道。

"小梦想得真全，味道我们回去尝尝就知道了！"妈妈开心地说，"恭喜小梦又掌握了从相同的事物中发现不同的地方，这回你把比较法都学全了，以后在学习的时候也可以用哟！"

"谢谢妈妈！"小梦乖巧地说。

故事中妈妈教小梦的方法分别是求同比较和求异比较，公园中树叶和大雁就是求同比较，苹果是求异比较，这种比较能让孩子很快发现所见事物的异同之处，对孩子解决学习和生活中的问题有着很大的作用。

父母还应让孩子了解逆向思维法。日常生活中，人们考虑问题的方式都是由因推果，而逆向思维就是由结果推原因。当一般的方法都不起作用的时候，逆向思维往往能让人茅塞顿开，在思考的同时，也学到了知识。

司马光砸缸的故事就是一个典型的逆向思维的例子。司马光及小伙伴见到朋友掉进了大水缸里，其他的小伙伴都跑去叫人来帮忙，助朋友离开水。而司马光在紧急时刻运用了逆向思维，让水离开人，搬起石头把水缸砸破，救了朋友一命。如果司马光当时没想到用逆向思维，和其他小朋友一样，匆忙地去找大人来救人，那么长的时间里，那位朋友很可能就没命了。可见逆向思维在生活中是多么的重要。如果孩子掌握了这种思维方法，在数学中遇到不会的问题时，由果推因，往往能有不小的收获。

另外，父母还应教会孩子从多个角度考虑问题。以前小学课本里有一篇课文叫《阳桃》，写的是老师在讲台上摆了一个阳桃，让同学们看着画，结果作者把阳桃画成了五角星的形状，让同学们大笑不已，当老师让其他同学在作者的角度看讲台上的阳桃时，其他人才明白从不同的角度看阳桃，阳桃的形状是不一样的。考虑问题同样要遵循这个道理，不同的角度有不同的发现，孩子明白这个道理时，考虑问题就会比他人全面，这对孩子以后步入社会是很有用的。

不要让孩子在依赖中得到答案

很多时候，我们经常会看到这样的画面——孩子见到了一个奇怪的东西，不知道是什么的时候，总会问妈妈，这是什么东西，我以前怎么没见过等。而妈妈则是会立刻满足孩子的好奇心，告诉孩子，这是什么东西，是做什么用的，会耐心地为孩子解答。虽然为孩子解惑是一件好事，但经常这样做的话，孩子就会对父母产生依赖心理，一遇到问题就会找父母解答，而不是自己想办法寻找答案。这样有问必答的教育孩子，是不利于孩子的成长的，也不能让孩子学会独立思考，会让孩子逐渐失去自己寻找答案的能力。孩子长大后，总是要独立生活的，而父母不可能在孩子成人之后还为孩子解决各种各样的问题。因此，在孩子向父母提出问题的时候，父母不能马上就回答孩子，而应引导孩子自己去寻找答案。

小兵从小就喜欢问问题，有时候问的一些古怪的问题，爸爸都回答不上来。但是小兵总是一副打破砂锅问到底的样子，非要爸爸给他解释到懂为止，虽然有时候爸爸被问得很烦，但还是耐心地讲给小兵，毕竟孩子爱问爱思考是件好事。

可是随着小兵渐渐长大，爸爸发现了不少问题，小兵无论遇到什么事都去问爸爸，比如，这个字怎么念，那个单词怎么拼，其实这些简单的东西，只要小兵查查课本就能解决。这样爸爸意识到问题的严重性：小兵的依赖性太大了，这样下去可不是件好事。

之后，爸爸慢慢地让小兵自己去解决一些事情，不会的题让他自己想，遇到不懂的成语，自己查字典。刚开始，小兵很不适应，心里对爸爸很是埋怨。但是爸爸打定主意不告诉他，小兵只好自己想办法。

不多久，小兵再也不会遇到问题就着急去问爸爸了，而是自己先想办法解决，然后再去问问爸爸的意见，看看自己还有什么欠缺。而爸爸为了孩子有更多的资料的可查，先后给小兵买了各种字典词典，还买了台电脑供小兵查东西用。

在故事中，当小兵的爸爸发现直接给小兵答案会有很多的弊端，就开始想办法培养小兵独立解决问题的能力。这说明孩子自己找答案的能力不是天生的，父母应有意识地培养孩子的独立能力，让孩子在自己主演的世界里，当一回大侦探，解答各种难题。但是，孩子独立思考的能力并非那么好培养的，在这期间父母应有足够的耐心，根据孩子的思维特点因材施教。

在孩子写作业的时候，父母要教育孩子，不要轻易相信他人的答案，甚至书本上写的内容，孩子也要学会质疑，并问一句为什么。要告诉孩子，无论别人答案是对是错，都要抱着质疑的态度，自己寻找答案。

小松在语文课上刚学过《小蝌蚪找妈妈》这一课，课文里写着，小蝌蚪的尾巴到一定时间会自动脱落，变成青蛙。这点引起了小松的质疑，因为小松曾捉过青蛙，并没有从青蛙的屁股上发现脱落的痕迹。

"难道书上写错了？"小松想到以前的经历，看着课本质疑道。回家后，小松迫不及待地把和同学们在河里抓来的蝌蚪放在鱼缸里，想早点看到小蝌蚪尾巴是怎么脱落的，以后小松每天放学回家都会盯着小蝌蚪仔细观察一阵子。观察了一天又一天，只见尾巴慢慢地缩回去，却就是不见脱落，但最后尾巴的确不见了，而青蛙的屁股也像他以前见过的：没有脱落的痕迹。

到学校后，小松把自己观察的结果告诉了老师，老师对小松的表现非常满意，"很高兴能有像小松一样有敢于质疑的精神的同学，看来书上说的也不一定对，所以大家应向小松同学学习，不要轻易相信别人的答案。"同学们都向小松投以敬佩的目光。

可以想象，如果小松轻易地相信课本上说的，没有亲自去观察，那是不是大家都会以为小蝌蚪就像书上说的，尾巴自动脱落？质疑是孩子思考的一种表现，有了质疑，孩子就有了自己寻找答案的动力，这样孩子往往有出色的表现。因此，父母应注重培养孩子对已有答案不轻易接受的精神，这种精神对孩子来说比答案更重要。

其次，父母可以让孩子通过实验去寻找答案。通过自己的实验得到的结果，不仅会让孩子印象深刻，还会让孩子学会独立思考，更有成就感。

今天，老师在快下课的时候，给同学们留了一个课下思考题：一方形的纸有四个角，减去一个角之后，还有几个角？

玲玲放学回家后，就迫不及待地拿张纸去实验，"哇！不可思议……"玲玲发现减去一个角后，反而多了一个角。

"妈妈，你猜猜一张方纸减去一个角后，还有几个角？"玲玲想考考妈妈。

"这个嘛，肯定不是一个答案。"妈妈神秘地说。

"不是一个答案？"玲玲感到难以理解。

"这个要自己去找答案才有意义哦。"妈妈俏皮地眨了眨眼。

"妈妈说得对，我靠自己去完成。"玲玲坚定地说。

于是，玲玲又重新在纸上剪了一个角，结果还是一样，"还是五个角啊……"玲玲看着纸上的那五个角，自言自语道。

"我知道了！"玲玲突然灵光一现。她沿着方纸的一个角剪下去，剩下了四个角；又沿着纸的对角剪下去，剩下了三个角。

"妈妈，我知道怎么回事了。"玲玲拿着自己剪出的三种结果给妈妈看。

"剪的时候所沿角的个数不同，剩余角的数目就不一样。"玲玲把自己的发现说给妈妈听。

"我们的玲玲真是越来越聪明了。我只是简单一说，玲玲就能做出结果来。"妈妈微笑着赞扬道。

玲玲第一次把方形剪去一个角后，得到了五个角的结果，而妈妈却告诉她不止一个答案，并且告诉玲玲自己找答案才有意义，而玲玲终于在自己的努力下找到了三种不同的答案。由此可见，父母应告诉孩子，问题的解决永远不要依靠别人的答案。父母要让孩子懂得，在寻找答案的过程中，是否有主动性比知道答案重要得多。

而且，在培养孩子寻找答案的自主能力时，父母不要替孩子做太多的事情。现在很多家庭只有一个孩子，因此父母对孩子比较关心，几乎把孩子的一切都包办了，这样会让孩子有严重依赖性，没有自己的主见和进取精神。时间一长，对于学习做事也会变得习惯别人给答案，而不愿自己去探索。

手脑结合，让孩子变得更聪明

如今，大部分孩子获得知识的途径都是来自课本，很少有人会通过自己实践去了解这个世界。造成孩子这种结果的原因是多方面的，比如，学校因为害怕孩子操作不当会损坏仪器，更怕孩子在试验中会有什么危险，就很少会给学生安排与课本相符的实验课；而在家中，父母对自己的孩子十分疼爱，担心孩子会出事，也不允许孩子多动手去做事，所以孩子因为好奇想去探索的本性就这样被强行压制下来，造成了今天孩子动手能力比较差的局面。

父母应该知道，孩子只是成绩好并不能代表孩子以后就会有个好出路，因为孩子工作的时候不只是靠书本上的知识，还需要更多的亲身实践，只有思考和实践相结合，孩子才会有好的作为。孩子动手实践能激发起潜在的创造力。孩子在实践的过程中，会不断回想以前学过的知识，用知识去指导自己去不断探索；而孩子在实践的过程中，会用实践的结果去验证知识，对知识的理解更加深刻。从小培养孩子喜欢实践的习惯，让孩子学会手脑结合去做事，不仅可以增强孩子的动手能力，使孩子对自己有信心，还能让孩子学会独立做事，培养孩子成为自己人生中的小主人。

小橙生日的时候爸爸送给她一个洋娃娃，那个洋娃娃有一头金色的卷发，蓝蓝的大眼睛，穿着碎花的裙子，漂亮极了。小橙很喜欢这份礼物。

"爸爸对我最好了，谢谢爸爸！"小橙开心地对爸爸说，"我要把它珍藏起来，让它永远都跟新的一样。"

于是，小橙找了一个和洋娃娃差不多大的大箱子来，可是无论小橙横着放还是竖着放，洋娃娃就是放不进去。此时累得满头大汗的小橙，来回望着洋娃娃和大箱子，有些泄气了。爸爸只是远远地在一旁看着，不发表任何意见。

10分钟后，小橙似乎力气又都恢复了，又开始抱起洋娃娃往箱子里塞，可是还是没成功。这回小橙似乎真的想放弃了，颓废地抱着洋娃娃坐在地上，眼睛直直地盯着大箱子。不一会儿，小橙抱着洋娃娃突然站了起来，这回简直堪称见证奇迹的时刻：小橙一下子就把洋娃娃放到箱子里了！这次小橙既没有横着放，也没有竖着放，而是沿着箱子的对角线放进去的，不大不小刚刚好。

"耶！成功了。爸爸，我成功了！"小橙高兴得又蹦又跳。

"小橙真是了不起啊！"爸爸笑着夸奖道。

可以看出小橙最后能把洋娃娃放到箱子里是经过一番思考的，对角线的长度是最长的，所以能放下洋娃娃。而且小橙爸爸的做法也是很值得借鉴的，在看到女儿遇到困难的时候，没有马上前去把自己的方法告诉小橙，而是让小橙自己去思考，甚至在女儿要放弃的时候，都没有出手，只是在小橙成功的时候给以夸奖。

孩子在实践和思考的时候，重要的是过程，父母不应以结果为重，应鼓励孩子去实践，让孩子在思考和实践的过程中得到真知。相信很多父母也想让自己的孩子各方面都好，那么如何让自己的孩子把思考和实践相结合呢？

父母在日常生活中可以给孩子一些半成品的玩具，让孩子自己学会组装。家里孩子上低年级的父母，还是会时不时地给孩子买一些玩具的。而所谓的半成品，就是给孩子的玩具不是电动车、遥控飞机那样的高级玩具，而是一些积塑、拼插等一些益智的玩具，这些玩具都是需要孩子动手来完成的。此外，父母还可以帮孩子搜集一些生活常见的东西，供孩子玩游戏用，比如，各种形状的饮料瓶、鞋盒、扣子、手工纸等。让孩子用这些生活中常见的东西做些课本里的模型，或者做成自己喜欢的东西。

父母也不要过于看重孩子的学习成绩。很多父母都以孩子成绩的好坏来评价自己的孩子，却忽略了孩子的全面发展，这样的教育理念对孩子的成长是不利的。聪明的父母不仅重视孩子的学习，还重视孩子动手能力的发展。现在是一个强调素质的时代，孩子考高分是远远不够的，其他方面也需要培养，动手能力就是其中之一。

父母应相信自己的孩子能够成为他人生中的小主人。孩子对自己的评价往往不够客观，也不够准确，需要从父母那里获得积极的评价。父母要将自己的信任传达给孩子，让孩子在心里树立起"我能行"的积极心态，并在实践中加深这种感觉。平时，父母要放心地让孩子出去跟小伙伴玩耍，放手让孩子做一些手工劳动，让孩子手脑并用，学会独立思考和生活。

让孩子自己决定如何做事

很多父母觉得孩子还小，还不懂事，于是往往不喜欢征求孩子的意见就私自帮孩子下了决定。比如，父母觉得孩子现在上的这所小学教学质量不太好，不问孩子对现在这所学校的感觉如何，就专权地帮孩子办了转学手续，可能孩子到了转学的当天才知道自己要转学了，对于这种事情孩子可能会觉得很难接受，但又不得不按照父母的决定去做，只好选择在心里发泄自己的不满，用一种被动方式去反抗。

父母要了解，孩子是个独立的个体，有自己的意识和喜恶，不想什么事情都由父母决定。如果这种自主的要求长时间需要得不到满足，孩子的自主意识处于压抑状态，很可能会导致孩子对自己产生消极的评价，长大后就可能会失去判断力和选择的能力，缺乏主见。

因此，父母应放手让孩子去选择他想要的生活方式，相信孩子有能力做好自己的事。如果父母事事都为孩子操办，孩子就不会有机会去锻炼去磨炼自己，父母望子成龙的愿望就难以实现。所以父母在把孩子扶上路后，就要有意识地让孩子去历练，引导并鼓励他们不断地超越自己。

由于爸爸妈妈工作较忙，小涵就拜托给爷爷奶奶照顾。两位老人对可爱的小涵喜欢得不得了，自然是对他疼爱有加。每天早晨奶奶总会按时叫小涵起床，帮小涵穿衣服，准备早饭。每天送小涵到学校后，奶奶会嘱咐小涵这不要做，那不要去，要乖乖地听老师的话。

而小涵有是个比较听话的孩子，于是，小涵每天在学校里除了去厕所，几乎所有的时间都在教室待着，每当老师留一些自选题时，或者上体育课老师让同学们选择一项自己喜欢的运动时，小涵便会犹豫不决，不知道自己该选什么。

爸爸知道后，觉得这样对孩子的成长十分不利，于是同妈妈商量后，把小涵接了回来。回家后，父母从不过多的干涉小涵做什么。对于每天睡觉的时间，妈妈只是提醒小涵不要太晚，睡前小涵想玩游戏，妈妈也不会多说什么；做作业妈妈也不会一直催，让小涵自己选择做作业的时间。

小涵的爸爸说："我们不能把孩子惯成什么都是他说了算的小霸王，也不能把孩子教育成没主见只会听话的机器。"而现在，小涵已成了一个"小大人"了，如果爸爸妈妈的话跟自己的意见不合，就会大胆地反驳，说出自己的理由，按照自己的意思去办。

从上面的故事中我们可以看出，小涵的爷爷奶奶对小涵真的很关心，每件事都会为小涵考虑得十分周到，怕他在学校会出事，每天都嘱咐一番。可是这种做法，却剥夺了小涵自己做事、自己思考的机会。这不许，那不准，按自己的意志左右小涵，束缚了小涵。多亏爸爸的明智选择让小涵及时回归正常。

相信很多父母都希望自己的孩子从小就有过人的头脑，能比别的孩子强。但是孩子之间的差异是很明显的，有的孩子遇到较难的问题就知道该怎么办，而有的孩子就不知所措，其实这些差异在孩子成长的过程中是可以纠正的。专家说，让孩子自己作决定对孩子的成长更有利，下面就是几种对培养孩子自主意识比较有用的办法。

父母应让孩子自己选择穿什么样的衣服。穿衣服事情虽小，但是很多孩子却没有选择穿自己喜欢的衣服的权利。当有的孩子穿自己喜欢的衣服时，父母可能会说，这件衣服太另类了，穿出去不像样；女孩子有时候穿得比较前卫，妈妈则会说，这么小不能穿成这个样子，等长大了再穿。其实父母大可不必这样，孩子想穿什么先随着他，如果他的穿着比较异类的话，他的同学也会说他的，到时候他就会发现自己的眼光错误，不会再穿那么奇怪的衣服了。让孩子自己发现错误并改正，效果要比父母说教好得多。

让孩子决定自己要吃的零食。零食几乎是每个孩子必不可少的，据中国居民零食专项调查显示，60%以上的儿童青少年每天都吃零食，但孩子们爱吃的零食多数是膨化食品、油炸食品和冷饮等垃圾食品。为了孩子的健康，于是很多父母严禁孩子吃零食，可哪里有压迫，哪里就有反抗，父母管得越严，孩子吃得越凶。其实，父母完全不必防着孩子。禁止孩子吃零食，反而可以让他自己选择要吃的零食，让他自己来决定这件事情。

小琴是个零食爱好者，脆脆的薯片、虾条，又麻又辣的泡椒食品都是小琴的最爱。同学经常开小琴玩笑说："小琴每天上学可以没有课本，但不能没有零食。"

但小琴太爱吃零食了，把零食当成了主餐，妈妈担心她会营养不良，但说了她很多次，小琴就是不听。"什么营养不良，你看我现在不是好好的吗？"小琴反驳道。

妈妈没办法，只好通过限制小琴的零用钱来控制小琴的零食，但是小琴总能凭借古灵精怪的本事，缠着爷爷奶奶给她买，而且买得更多了。这时，爸爸给妈妈出了个主意，第二天，在大家吃早饭的时候，妈妈却在"专心"地看一本杂志，"小琴，看妈妈在看什么呢，怎么还不来吃饭啊？"爸爸"漫不经心"地说。

"嗯，我这就去叫妈妈来吃饭。"

"减肥秘籍？妈妈，你在哪弄的啊，给我看看呗！"小琴看了看自己稍胖的身材说道。

"不行，你这德行，看了也瘦不了。"妈妈故意打击小琴说道。

"妈妈，你就让我看看嘛！"小琴开始撒娇。

"我以后再也不吃零食了！"这是小琴看完妈妈的杂志后说的第一句话。原来妈妈的那本杂志上写的都是不健康零食的危害，不少小琴爱吃的零食含热量较高，容易让人发胖，这给想减肥的小琴敲了一个警钟，小琴开始慢慢地少吃零食了。

小琴爱吃零食是因为它们比较"美味"，但是却不知道不健康的零食会给健康带来危害，在妈妈苦劝无效之后，小琴的爸爸就想了一个办法，让小琴自己认识到零食的危害，自己想办法克制自己。爱吃零食是孩子的天性，父母应引导孩子分辨其健康与否，让孩子自己决定，而不是专权地制止。

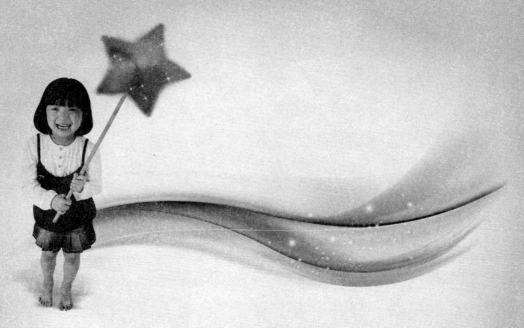

第七章

不为成绩烦恼，
让学习成为孩子自觉的事情

孩子学习不上心，父母追着孩子屁股催，孩子被迫学习，这对孩子的成长没有好处。与其催，不如利用孩子的兴趣和爱好，来督促孩子用功学习。同时，家长还应把自主学习的方法教给孩子，让孩子自觉地开动脑筋，用心学习。

告诉孩子，知识就是力量

英国著名的科学家、哲学家弗兰西斯·培根曾说"知识就是力量"，他用最简单的语言告诉人们知识的重要性。就是这样简单的一句话，几百年来都被人们奉为真理。由此可见，知识对一个人、一个社会乃至整个世界发展进步的重要作用。

知识是一种力量，是一笔财富，但它不是普通意义上的物质财富，而是一种难以衡量的精神上的财富。无论何时何地，知识都是最重要的。在竞争激烈的当今社会，无论孩子抱以什么样的理想和志愿，他都必须努力学习，获取丰富的知识。唯有如此，孩子才能在社会上生存，才能成为真正受人尊重的强者。因此，当孩子片面地认为做文职、搞科研的人才应该学知识，以此为借口不爱学习时，父母必须及时纠正孩子的错误想法，引导孩子在知识的海洋里寻找到真正属于自己的财富。

李旺旺有些顽皮，他不爱读书写字，每天回家都要在爸爸妈妈的"威逼利诱"下才去做作业。有时，爸妈逼得太紧，李旺旺就气愤地说："我以后又不当科学家，我要练武行侠仗义、抓坏人，我学那么多知识有什么用，爸妈还不如直接送我去少林寺练武呢？"

后来，爸爸妈妈意识到问题的严重性，决定想些办法让李旺旺重视学习文化知识。一个周末，爸爸带李旺旺去湿地公园玩，还刻意买了渔具去钓鱼。那天下午，父子俩在公园里玩得很高兴，但一下午只钓了一条小鱼。于是，爸爸乘机问李旺旺："孩子，爸爸给你讲个故事怎么样，有兴趣听吗？"

一提起讲故事，李旺旺当然有兴趣了，他说："爸爸快讲啊，我当然想听了。"

爸爸说："从前有个老人在河边钓鱼，他坐在河边没多久，就钓了满满一大篓鱼。过了一会儿，一个小男孩从他身边走过，小男孩觉得老人钓鱼技术很高，他认真地看老人钓鱼。老人回头看到小男孩很可爱，就想把一篓金鱼送给他。这时，小男孩摇摇头说他不要，老人很诧异，这么一大篓鱼，别人求都求不来，他怎么会不要。小男孩说他要老人手中的鱼竿，老人问这是为何，男孩说有了鱼竿他就可以自己钓鱼，可以有源源不断的鱼吃，拿回一篓鱼他吃几顿就再也没有了。你说这个小男孩算不算聪明？如果让你选，你会怎么选呢？"

李旺旺点头说："他当然是很聪明的，他知道有了鱼竿可以自己钓很多鱼，让我选，我也会选鱼竿的。"

爸爸摇摇头说："孩子，你们都错了，你们是不是以为只要有鱼竿就能钓很多鱼呢，那为什么今天我们俩只钓了这样一条小鱼呢？"

李旺旺也有点不明白了，他问爸爸为什么，爸爸回答说："因为我们都不懂钓鱼的技巧，我们应该选择的是让老人教我们关于钓鱼的知识，不学会如何钓鱼，光有鱼竿，我们一条鱼也吃不到。这跟你选择学武放弃学文化知识的道理是一样的，如果你认为学武术只是学习肢体上的动作，那是错误的想法。你想想，如果你现在不学知识直接去练武，那你连那些经典武学秘籍上的文字都不认识、不理解，你怎么学好武术；如果你不读书，将来即使成为武艺高强的人，除了把你会的武术动作做给别人看，你还能做什么，你要怎样独立生活呢？"

听了爸爸的话，李旺旺有所醒悟了，他说："爸爸，我明白了，不管我要做什么，都要先学知识，有了知识才能学好其他东西，对吗？"

爸爸点点头说："嗯，孩子你真聪明，爸爸就是这个意思，如果你想学武或者学其他方面的技术，都必须先学好文化课，有丰富的文化知识做后盾，你才能学好武术，才能成为真正文武双全、有勇有谋的刚强男子汉。再想想你喜欢的少年英雄黄飞鸿，小的时候，他的父亲也经常教他读书学习，让他学习各种知识，还教他医术，让他行侠仗义时不忘救死扶伤，你是不是该向他学习呢？"

李旺旺回答道："我很喜欢黄飞鸿的，他很厉害，我一定会向他学习，在做自己感兴趣的事之前先学好文化知识，我也要做文武双全的人。"

自那以后，李旺旺开始认真学习，不再逃避学知识，偶尔偷懒一次，在爸爸妈妈的好言相劝下，李旺旺也会乖乖去读书，他也逐渐学会了严于律己。

在选"鱼"还是选"鱼竿"的问题上，一开始，李旺旺和很多男孩一样，都选择了"鱼竿"，并且认为自己的选择是正确的。的确，比起选"鱼"的人，李旺旺的选择相对要合理些，但他还是忽略了最重要的问题，就是"钓技"。没有学会钓鱼的方法技巧，有多少鱼竿都钓不出鱼。在爸爸的一番教导之下，李旺旺终于明白了知识的重要性，也知道了无论自己要成为怎样刚强的人，他都要学习丰富的科学文化知识，让知识做后盾，助他成为真正的强者。

其实，很多孩子都有像李旺旺一样的志向，历史上也曾有过众多有学识、有远见的武术名家。生于湖南张家界的杜心武，就是一位驰名中外的武术家，也是武学名门"自然门"的一代宗师。杜心武从小拜师学武，但他从不放弃学习文化知识，并且有比常人多的学习经历。杜心武曾留学日本，并在那里认识了中国同盟会宋教仁，后参加了孙中山先生领导的同盟会，努力为中国革命事业作出自己的贡献。

但现实生活中，立志要有所作为却不愿学习文化知识的孩子并不少。他们不重视知识，主要原因是不懂得"知识就是力量"，更不清楚知识的力量有多大。因此，作为有丰富学习经验和社会实践经验的父母，就应该尽早告诉孩子知识的重要性，努力让孩子重视对科学文化知识的学习，并在其学习文化知识的同时，注意培养孩子的坚强意志，这是孩子成长成才、贡献社会的必要条件。因此，父母应该让孩子知道知识的重要性，要让孩子明白在竞争激烈的当今社会，无论抱以什么样的理想和志愿，都必须努力学习，才能有所作为。

在孩子的学习问题上，父母的要求应该严格一些，对孩子不能过于放纵。但是，严格也要讲究方法，一味地批评会引起孩子的逆反心理，是不利于教育效果的，反而会让孩子变得越来越不喜欢学习。认为学习是在为父母学，并不知道学习是他自己的事情。父母在教育孩子时，必须向孩子说明学习科学文化知识的重要性，要让孩子懂得"知识就是力量"，更要让孩子清楚地认识到知识的力量有多大，不学知识会对自己有什么不良影响。父母可以借助经典励志故事、名人成长故事等向孩子说明知识的作用，也可以用知识竞赛来激发孩子的求知欲。

在平时，父母还可以经常和孩子玩小型知识竞赛游戏，其他家人最好也参与进来。父母要从孩子感兴趣的内容中多找些问题，同时加一些孩子必须知道的常识性问题。游戏中，母亲做主持人，负责读题，父亲和孩子做参赛者，可以通过抢答、选答等方式为自己争取高分，最后所有问题都问完，获得分数最高者胜出并获得一定的奖励。这个过程中，孩子感兴趣的内容，他必然答得比较好，拿到的分数会比较高，但为了下次能答出更多问题，获得更高的分数和更多奖励，孩子会在接下来的时间里注意学习其他方面的知识，会逐渐对学习感兴趣。了解了知识的重要性，就会重视文化知识的学习。

孩子学习成绩差，不等于学习能力低

有些父母喜欢以孩子的学习成绩来评价孩子的学习能力，认为成绩好学习能力就强，反之则差。其实并不是这样的。俗话说得好：三百六十行，行行出状元。父母不能只把目光盯在孩子的考试成绩单上，还应看到孩子其他方面的学习能力，比如，孩子读书不行，可能手工劳动比较在行等。

李天天和李乐乐是一对双胞胎兄弟，两个人一同接受教育，一起上下学，吃穿住行也几乎一模一样。但和李乐乐比起来，李天天的学习成绩则好很多，是班里的佼佼者，李乐乐只是个"吊车尾"。

爸爸妈妈也经常就此对两个儿子的未来发表一番长篇大论。比如，李天天以后肯定是清华、北大的才子，真是爸爸妈妈的骄傲啊；李乐乐可怎么办呢，学习成绩这么差，以后怎么生存都是个难题啊；李天天，以后你长大了，一定要多照顾照顾你弟弟，要不然，就凭他现在的成绩，肯定没办法养活自己……

一开始，李乐乐觉得自己真委屈，挺烦爸爸妈妈这样说他。他总认为，学习好并不代表什么，你看哥哥学习好，可每天有那么多作业和练习题要做，而他只要玩就行了，相比而言，还是他的生活更有滋有味。所以，他很不认同爸爸妈妈的成绩决定成败论。但这样的话他对爸爸妈妈说过几次后，便懒得再和爸妈多说，反正说多少，爸妈也不会听。

到后来，李乐乐竟然慢慢地接受了家人的这种"设定"。不管是学习上还是日常生活中，只要遇到难以弄明白的问题，就会丢给哥哥李天天，让他代劳，他自己则该玩就玩，该睡就睡，好不逍遥。

直到有一天，他让李天天代写作业的事情暴露后，老师请乐乐的父母到学校沟通。

"反正乐乐学习成绩不好，再怎么努力也难成大事，有他哥哥帮忙再好不过了。"老师没想到，听到事情经过的爸爸竟然会发出这样的感叹。

"李天天的确是个很聪明的孩子，但是李乐乐也不笨啊，他只是不擅长学习罢了，在其他方面却有着超于常人的表现。"老师扬声说道，"而且，谁说学习成绩不好就一定不会收获成功？爱因斯坦3岁还不会说话呢，他小时候学习成绩很差，还被老师赶出过教室，但是他经过自己的努力，最终收获了成功。我相信李乐乐一定也会在某个领域大丰收的。"

"真的吗，老师？我也能在某些方面做出成绩吗？"李乐乐难以置信地问。

"当然可以。"老师连连点头，"你的运动神经很发达，动手能力也不错，也很擅长画画吧，这些都是你的优点，并不一定要学习成绩好才能成为优秀的人。如果你愿意在其他方面努力一把，老师相信，你肯定也能成为不亚于哥哥的优秀人才。"

听了老师的话后，李乐乐下定决心，一定要找到专属于他的优秀之处。而李乐乐的爸爸也惭愧地低下了头，渐渐变得不再以成绩约束兄弟俩了。

很多时候，考试令很多孩子感到苦恼，因为成绩拔尖的孩子毕竟是少数，考不好的人不仅自己会觉得难堪，回家还要受到父母的指责，这让他们觉得痛苦。有些父母将注意力过多地放在孩子的成绩上，一旦孩子的成绩不尽如人意，就批评孩子，甚至觉得自己的孩子很失败。殊不知，孩子的人生才刚刚开始，学习成绩不好，并不代表孩子其他方面的学习能力就会差。伟大的发明家爱迪生小时候因为学习成绩不理想被学校开除，但他的妈妈并没有因此判定他的成败，而是担任起了教育他的重任，靠着妈妈的理解和支持，爱迪生才有了种种造福人类的发明。爱迪生的故事说明了一个孩子的成功与否并不完全由学习成绩的好坏来决定，而孩子是否能自主学习，才是他能否成才的重要标准。

考试主要考察的是孩子的逻辑思维能力以及对所学知识的吸收程度，而一个人的成功还需要很多其他方面的因素，如人际沟通能力、领导管理能力、艺术创作能力、动手能力等，这些却很难在考试中体现出来。由此可以看出，以成绩论英雄，以成绩来评判孩子的好坏，是不科学的。所以，父母应在督促孩子学习的同时，还要教会他如何自主学习，尤其是那些他们感兴趣的知识。孩子不一定要考出好的成绩单来，只要自己学得开心，学得用心，成绩的好坏只是一个验收成果的方法，并不是唯一的标准。

教育专家表示，在教育中，父母的态度对孩子的学习能力影响很大。如果父母对孩子的态度是欣赏的、肯定的，孩子就会觉得有信心，也会觉得父母有亲和力；如果父母对孩子不欣赏、一味地指责孩子的成绩不如人意，不仅会打击孩子的上进心，还会使他们不愿意与父母亲近。因此，在教育孩子的问题上父母首先要选择正确的态度。

当孩子考试成绩不理想的时候，父母首先要调整好心态，不要不分青红皂白地批评孩子，父母的宽容和鼓励，是让孩子继续努力的最大动力。父母赏识和宽容孩子的不足，可以帮助孩子重建信心，有时会产生惊人的效果。

让兴趣变成孩子学习的动力

兴趣，是人们动力产生的源泉，孩子也不例外。当孩子在学习中遇到感兴趣的科目或者题目时，就会埋头研究，直到把它琢磨透，才会心满意足地去做其他的事情。所以，当父母发现孩子不爱学习，或者学习劲头儿不足时，就可以利用孩子的兴趣和爱好，来督促孩子用功学习。

汪小洋今年刚上小学，本应该好好学习的他却只知道玩耍，整天不学无术，和一些看似不良少年的孩子们来往。不管爸爸妈妈怎么打骂说教，他都不听。

今天，妈妈下班回家的路上又看见汪小洋和一些小混混们混在一起，她顿时来了气，冲过去就打了汪小洋一巴掌，板着脸把他拽回了家。

"你到底想干什么？该学习的时候不学习，长大了难道真想当个混混吗？妈妈又不是不让你和别人玩，但你也得选一下人吧，为什么成天就知道和一群只知道打架惹事的人在一起呢？"

汪小洋脸上还火辣辣的疼，心里也有气，自然不肯和妈妈说话，只是噘着嘴把脸侧了过去。

"你倒是说话啊，非得要气死爸妈，以后打架出了事儿，进了监狱你才满意？"妈妈越说越气，脑子里已经联想再到这么下去的不良后果，也就骂得更厉害了。

汪小洋依旧不说话，静静地等妈妈骂累了，才转身回到了自己房间。他心里暗想，反正我就是不喜欢学习，你打我，我也不会爱上学习的。

晚上，爸爸下班回家，身后跟着汪小洋家的远房亲戚王大爷。

"汪小洋，吃饭了。"妈妈把饭菜摆上桌后，不好意思地对王大爷笑道，"粗茶淡饭，你别介意。"

"怎么会，嫂子做的饭菜我可是最爱吃了，吃一次就难忘啊。"王大爷接过饭碗，扭头的时候，正好看见不吭不响的汪小洋走了过来，"咦，汪小洋，你脸怎么了？是不是被小伙伴欺负了？"

"唉，哪啊，他去欺负别人还差不多。"妈妈叹一声气，把今天的事情讲了一遍，"那一巴掌是我打的，一点都不听话。"

"那也不能靠打骂来管教孩子啊。"王大爷把汪小洋叫了过来，轻轻揉了揉他的脸蛋，抬头对汪小洋的爸爸妈妈说道，"孩子有错，咱们不能只知道打骂，这样只能让孩子离咱们越来越远，越来越不信任咱们，到时候真逼出什么事了，该怎么办？"

"可他不学无术，只知道跟一群小混混们玩，也不能放着不管吧。"汪小洋爸也发话了，板着一张脸，看向汪小洋，"真管不住了，打断他腿！"

王大爷感觉汪小洋的身子颤抖了一下，抱紧了他："汪小洋不怕，你爸妈说笑呢，他们哪舍得真打你，只不过是你太淘气了，爸爸妈妈怕你学坏。"

"我……只是跟他们学武术……"一直没开口解释过的汪小洋突然和王大爷说话了。他说："我和爸爸妈妈说过想学武术，可他们不让。我只好找人教我。"

"原来是这样！"王大爷得意地看向汪小洋父母，就像是在炫耀：瞧，你们这父母当的，不称职吧！看得汪小洋父母确实感到了一丝惭愧，不由得低了低头。

"这样吧，我以前可是这方面的专家，如果你这次学习成绩能提高10名，那么从下个月开始，我就来教你学武术，怎么样？我想，你爸爸妈妈也会同意的。"见汪小洋不安地向父母瞧去，王大爷马上说道。

汪小洋见父母点头，才高兴了起来，连连点头："那些东西我早就会了，拿第一都没问题。王大爷，你可不能骗我。"

"当然，咱们拉钩……"王大爷勾住汪小洋的小指头。

著名的教育学家苏霍姆林斯基曾说过："所有智力方面的工作都要依赖兴趣"，可见学习兴趣对人们的重要性。对于孩子而言，兴趣同样非常重要，兴趣是孩子最好的老师，是他们学习中不可缺少的动力。儿童教育专家表示：当孩子对教学产生兴趣，就能更好地集中精力学习，更好地激发大脑的潜能，从而获得更多的知识技能，并让他们在学习中感到快乐。

那么，父母应如何在家庭教育中培养孩子的学习兴趣呢？

孩子不好学，可能是好奇心不足。好奇心是先天的心理特征，而一个人在幼年的时候往往是好奇心最强烈的时期。好奇、好问、好动是大多数孩子的特点。父母应充分利用孩子的好奇心来激发他们的学习情趣。生活中，一些大人眼中常见的现象往往在孩子眼里却是神奇的，因此，当孩子向父母不停地问为什么的时候，父母不可因为不耐烦而批评或是指责孩子，以免挫伤孩子求知的积极性。另外，对待孩子的问题父母要积极回答，如果自己也不会可以在弄明白后再告诉孩子答案。当孩子去一些事物产生好奇时，父母还可以鼓励孩子自己去寻找答案，如果孩子的答案是错的，也不要批评孩子，父母的支持是孩子继续探索的最好动力。

当孩子因为好奇心而学到了某些知识后，父母要及时表扬孩子，让孩子有继续学下去的动力。孩子都是喜欢被表扬的，表扬可以让他们感到成就感和快乐。因此，在日常生活中，父母不要轻易放过任何一个表扬孩子的机会，哪怕孩子只有微小的进步，也要及时对孩子做出表扬和鼓励，让孩子能以愉快的心情面对学习。

父母还要多了解孩子的兴趣爱好，带孩子多去室外活动。如果孩子没有特别的爱好，父母就要花点时间，慢慢培养孩子对某些事物的兴趣，让孩子自主学习。兴趣是人们力求认识某种事物或爱好某种活动的倾向，父母要培养孩子的兴趣，首先就要发现孩子都喜欢些什么。这样才能培养孩子的好奇心，让他在爱好的基础上自主学习。父母要给孩子接触新事物的机会，对于一个孩子而言，在学好规定的课程基础上，培养广泛的兴趣对他将来的发展同样重要。

把自主学习的方法教给孩子

孩子学习不上心，父母急得在孩子屁股后面直催，在不得已的情况下，孩子才学习，这对孩子来说是十分消极的。既不利于孩子自主学习，也对孩子的成长没有好处。所以，父母催万遍，不如把自主学习的方法教给孩子，让孩子自觉地开动脑筋，用心学习。

黄肖肖一直是班里的前3名，但自从升上高年级后，他的成绩便一天不如一天，慢慢地滑到了20多名。虽然黄肖肖的父母并不怎么看重孩子的学习成绩，想让他自由成长，但黄肖肖自己似乎对此十分苦恼，每次成绩一发下来，就会盯着成绩单发呆，不知道在想些什么。

本来，他想和爸爸妈妈商量一下，看看他们能不能有什么好的建议，但当同学小王知道了他这个想法后，就严肃地警告他，这种事情千万不要和父母说，因为小王就是因为和父母说了成绩的事情后，才把他大骂了一顿的。从那开始，小王就只有加倍努力，学习方面的事情，一点都不敢主动和父母提。

原本黄肖肖是不相信的，但当有一次去小王家玩，目睹了小王的父母是如何训斥他整天不知道好好学习，只知道胡思乱想后，便也打消了向父母求助的想法。

说到底，天下父母一般"黑"，他可不想到头来问题解决不了，反倒挨上一顿骂。

但不和父母说，同学们也帮不上肖肖，肖肖的成绩依旧不上不下，处在一个十分尴尬的位置上。为此，老师也找他谈过几次话，肖肖自己也从自身寻找过一些问题，但结果总是不理想。这使得他思虑过重，脸上几乎没一点笑容，整天皱着眉。

渐渐地，黄肖肖的父母终于察觉到了肖肖的异样。在一次吃过晚饭后，肖肖的爸爸敲门进了肖肖的房间。

"儿子，你最近是不是有什么心事？如果可以的话，能讲给爸爸听听吗？"爸爸一进门，就开门见山地问。

肖肖愣了一下，下意识地想把心事说出来，可又想到小王的遭遇，有些迟疑。

"怎么？是很重要的秘密，连爸爸妈妈也不能知道吗？"爸爸坐到他身边，问。

黄肖肖又沉默了一刻，终于提起勇气回答道："我是怕……你们骂我。"

"为什么要骂你？你有困难的时候如果能找爸爸妈妈商量，爸爸妈妈高兴还来不及呢，怎么可能会生气？"

"真的吗？可是……这个问题……"

"你不说出来，爸爸妈妈永远不知道会不会因此生气，但爸爸知道的是，你可能要花很久才能自己找到问题的答案，然后你会再苦恼上一阵子，你愿意这样吗？"

"不愿意！"肖肖终于下定了决心，慢慢地把自己关于不知如何提高成绩的苦恼讲了出来，本来等着爸爸向小王父母那样训斥他一顿，没想到却看到爸爸托着腮，竟然也认真地思考了起来。

"爸爸觉得，你的成绩之所以会下降，是因为没有好的学习方法，只知道囫囵吞枣。"

"爸爸你不生气？不骂我？"

"你怎么总认为爸爸会骂你？"

"因为……"

"还是那句话，爸爸很高兴你能把自己的苦恼说给爸爸听，也很愿意帮你排忧解难。这样吧，从今天开始，爸爸和你一起学习，然后咱们共同找出一个最适合你的学习方法。怎么样？"爸爸拍拍他的头，笑道。

肖肖连连点头，激动得跳了起来。

有时候，很多父母都会有这样的疑问，自己的孩子平时学习很努力，补习班也不比别的孩子报得少，打也打过，骂也骂过，催也催过，可为什么孩子的学习成绩就是不见提高呢？其实，这很可能是孩子学习方法不当造成的。父母不要只催孩子用功学习，还要多了解孩子具体的学习情况，看看孩子是不是会学习，有没有学习计划，知不知道最实用的学习方法。很多时候，学习没计划、不会科学利用时间、不求甚解、死记硬背、不认真听课、不做课下复习、不能理论联系实际等都是孩子学习方法不正确的主要体现。学习方法不正确，即使再努力也是不可能取得显著效果的。因此，为了帮孩子提高成绩，父母要帮助孩子学会有技巧性地学习，而不单单是死记硬背式的盲目用功。

在教会孩子好的学习方法以前，父母要先培养孩子的注意力，让孩子集中精力做一件事。很多孩子有上课时不认真听老师讲课的不良行为，这主要是由于他们的注意力不集中引起的。没有集中注意力自然不能认真听老师授课，也就不能全面地吸收知识，可见注意力对学生学习的重要性。

教育专家指出，一个孩子的注意力是否集中，并不是先天遗传的，而是靠后天的学习培养和训练得来的。因此，父母应在日常生活中注意培养孩子的注意力。培养孩子的注意力，父母应注意，当孩子聚精会神地做某件事的时候，尽量不要干预他们。比如孩子正在画画，父母一会儿叫孩子去看电视，一会儿拉孩子去吃水果等等，如果孩子们做事时总被打断，就会助长他们做事三心二意的不良习惯。

提到学习，就离不开背诵记忆，这也是让很多孩子苦恼的地方。数学公式记不住，语文诗词容易背混，英语单词量大，更是容易今天背完了明天就忘……由此可见，要想取得好的成绩，就要有好的记忆力。其实，很多时候孩子记不住这些东西并不是因为先天的记忆能力差，而是由于记忆的方式有问题，才会出现记知识不牢固的现象。面对这种情况，父母应对症下药，帮孩子找到正确的记忆方式。

牢记书本知识不是一蹴而就的事情，而是需要平时日积月累。因此，父母应该帮孩子养成今日事今日毕的好习惯，监督孩子把当天需要背诵的任务完成，如果能很好地坚持一段时间，孩子渐渐就会养成每天定量记忆的习惯，这对他们的学习是十分有利的。此外，父母还可以教孩子用谐音形象法来记忆，既生动形象，又充满乐趣，让孩子可以在愉快的氛围中完成学习任务。

所谓谐音记忆法，就是把有些知识按照其他同音汉字去理解，使原来无意义的音节变成有意义的词句，使之生动、有趣，收到意想不到的效果。比如马克思生于1818年，逝世于1883年，可以记成"一爬一爬，一爬爬上山"等等。

学习除了记忆之外，孩子在学习时，还要结合一定的技巧，才能更好地理解知识。因此，父母可以教孩子一些技巧以更好地学习。例如在学习数学时，重要的是理解原理，学会分析题和做题的基本步骤，在掌握一定的知识后活学活用，练习一定量的题，然后总结深化，使知识的运用得以升华。这就培养了兴趣和继续学习的资本，这些都是道理，也是学习数学的技巧。

"搞破坏"也是一种学习能力

很多时候，父母都会为孩子的破坏能力而头疼。比如，男孩把家里的家电给拆了，零件散落一地，最后他却在一旁毫不愧疚地傻笑；女孩拿着妈妈的衣服剪了两个破洞，套在自己身上当起了睡衣……这些事情很多父母都遇到过，但又无可奈何，不让他们再搞破坏，他们还会说这是在学习新知识，真的是如此吗？其实，孩子在好奇心的驱使下，很容易搞破坏，这是孩子的天性，也是一种学习能力，父母不能打骂呵斥，打击孩子的学习积极性。

田魏明是家里的独生子，今年9岁，正处于爱玩、调皮的年龄。但别人家孩子调皮爱玩都是在外面玩闹，田魏明却同其他小伙伴不同，他喜欢在家里不停地拆东西。

这一天，妈妈拿着一些拆散的零件，气冲冲地来到田魏明面前，问他："这是怎么回事？好好的闹钟怎么成这样了，你是不是该解释一下？"

田魏明低着头，怯怯地回答道："对不起，妈妈，我只是想拆开看看这里面有些什么东西而已。你放心，我会把它修好的，虽然好像会多出来几个零件。"

"妈妈不管这些，没有闹钟，明天你就自己起床吧，妈妈不会去叫你起床的。"妈妈很生气地说。原来，田魏明睡觉很沉，如果没人叫他起床，他能一直睡到中午，明天他还要去上学，闹钟没了，妈妈又不叫他起床，这可不是闹着玩的。

田魏明赶紧抱住妈妈，说道："妈妈，对不起嘛！我肯定会把它修好的，你明天就叫我起床吧。昨天我拆完它，就一直想把它安装好，可装起来实在太难了，我花了好长时间都没弄好。我保证，明天我一定想办法修好它，好吗？"

"你这话能信吗？前几天要不是你爸爸发现得早，你就把录音笔给拆了。现在闹钟又坏在你手里，妈妈能信你吗？"

"能，肯定能信。"田魏明用力点头，"其实，我只是想知道它为什么能嘀嗒嘀嗒地响。"

可见，当孩子出现一些破坏性行为时，父母不能不分青红皂白地指责孩子，而是应该鼓励孩子的这种探索精神，让孩子从实践中不断增强创新意识。但也不能过于鼓励，让孩子变成破坏大王，要有计划地引导孩子，搞"好"的破坏，多动脑，多学习，多上进。

父母在培养孩子的创新意识时，首先要弄清孩子搞破坏的原因。虽然，并不是所有的破坏行为都是创造力的体现。但在面对孩子的破坏时，父母一定要心平气和地跟孩子进行沟通，了解孩子破坏行为背后的原因是什么，如果孩子的行为不是出于创造，就要及时制止孩子，以免助长孩子的不良行为。

在培养孩子良好的"破坏能力"时，父母要给孩子一个搞创作的个人空间，让孩子学会自主的有计划的"搞破坏"。

家里有一些淘汰的旧家电，文天乐一直很感兴趣。

"妈妈，录音机是怎么工作的？你能给我讲讲它都有哪些零件吗？"

"爸爸，让我看看你的旧手机吧，我想知道它里面都装了些什么。"

"爷爷，你的收音机借我玩两天吧……"

很想"搞破坏"的文天乐这天终于有了"破坏"的机会。爸爸把他带到那堆旧家电旁，先从一个小风扇开始，手把手地教他拆起来。

"爸爸，你不怕我拆完了，不知道怎么装回去吗？"文天乐知道，父母最怕的就是孩子们搞破坏，而像爸爸这样，给他搞破坏机会的，还真没几个。虽然，他更喜欢这样的爸爸。

爸爸笑了笑，对他说："你若安好，便是晴天！"

"嗯？"什么意思？太深奥了，文天乐不懂，接着又听爸爸话锋一转，"你若安不好，屁股遭殃。"

"啊！爸爸，你好坏。"这句文天乐可听懂了，要是他拆了却装不回去，就等着屁股开花吧。

于是，为了不让自己的屁股遭殃，文天乐很用心地跟爸爸学习如何拆零件，并熟悉里面的每一个大小零件。

父母可以为孩子提供一个角落供孩子自由玩耍，并且告诉孩子，这里是属于他的工作室，他可以在里面组装玩具，也可以做一些其他自己感兴趣的事情，以满足孩子的好奇心。同时父母还要让孩子明白，这些行为在不伤害自己和别人的前提下才能进行。

当孩子在自己的破坏中学到了新的知识，并运用到生活中时，父母一定要及时地对孩子给予鼓励和支持，必要的时候，还可以参与进来，和孩子一起开动脑筋，搞些有创新的"破坏"。比如，当孩子正在拆或是组装一件玩具时，父母可以给孩子适当的鼓励："妈妈相信你把它拆了之后还可以把它组装好""你装好的玩具跟原来一样"等。此外，父母还可以参与孩子的行为，如果孩子想拆掉某一件玩具时，父母可以告诉孩子"妈妈也好奇，不如我们一起来看看它是怎么组装在一起的吧"。要知道，父母适当地鼓励孩子的"破坏"，就是在鼓励孩子去创造，让孩子更愿意学习新知识，多做创新。

让孩子从厌学情绪中走出来

孩子厌学，是很正常的事情，也是每个人成长过程中都会经历的事情。相信很多父母在读书的时候，也曾经有过这样的经历，莫名其妙地就会突然生出不想读书的念头，但只要坚持下去，使用方法得当，就会很快从这种情绪中走出来。父母可以根据自己的经验来引导孩子，让孩子不会因为厌学而感到恐慌，变得无法安心学习和生活。

赵小莲是名初三的备考生，学习压力太大，使她最近的情绪有些不太正常，经常无缘无故地烦躁不安，而且还认为自己太笨，自己都十分嫌弃自己。

这次模拟考试，赵小莲的成绩又不太理想，一回到家里，她就把自己关在了房间里，把头闷在被子里，不停地想：我的脑子到底是怎么长的呢？是不是比别人少点东西啊？要是没有我这个人就好了。

然后又想到明天虽然是周末，但是还有一大堆的作业和补习班等着自己，她的头立马疼了起来，一股自我厌恶感，油然而生。

"小莲，在想什么呢？菜都掉桌子上了。"吃饭的时候，妈妈捅了捅她，原来她想得太入神，竟然发起呆来，连吃饭都忘了。

"妈妈，你当初怎么会生下我来呢。"她没头没脑地说了这么一句，低下头往嘴里扒了口饭。

妈妈扑哧一声笑了出来，开玩笑道："傻孩子，怎么着，想回炉重造一下？"

本来妈妈只是想开句玩笑，没想到却看见小莲一脸认真地回答道："想，我真想让您重新生一回我，好让我变得聪明一点。"

"再生一回？那可就不一定是你了。"

"不是我……也没关系。"小莲小声说道。

妈妈一听，吓了一跳，赶紧问："小莲，你没事吧？是不是功课太累了？"

"没有。我吃饱了，回房间写作业去了。"小莲说完就跑回了房间，妈妈坐在饭桌前，暗地里想：是不是孩子的学习压力太大了呢？她隐约觉得最近的小莲情绪有些不太正常，而且学习成绩也不如以前了，这该如何是好呢？

又一个周末到了，赵小莲吃完早饭后，就回屋去收拾补习要用的东西，这时候，妈妈走了进来，笑盈盈地对她说："小莲，我刚才接到补习班的电话，说是今天代课老师有事请假了，就不用去上课了。"

"是吗？那我自己在家复习吧。"小莲面无表情地说道。

"我看这样吧，今天你不要想学习的事情，和妈妈一起去植物园玩一天，怎么样？正好妈妈最近很想出去走走，可一个人太无聊了，就当陪妈妈吧，好吗？"

"可是……"赵小莲看了看桌上的课本和作业，犹豫着。

妈妈连忙走过去把她的课本收了起来，拉着她就往衣柜走："别磨蹭了，今天不想其他的事情，就好好玩，让自己放松放松。"

小莲这才知道，妈妈是看自己不对劲，想让自己放松一下心情。明白过来后，她深吐一口气，抱住妈妈说道："妈妈，谢谢你，今天我就给自己放个假，痛快地玩一天！"

"就是，学生不能光学习，也得适当休息休息，来，咱们选件漂亮的衣服去！"穿戴整齐后，母女俩亲密相拥地出了门。

很多孩子都会有很努力学习成绩却不理想的时候，这种时候，孩子很容易就会产生学习压力，因而产生厌学的想法，尤其是备考生，面对着巨大的升学压力，出现这种状况时就更是苦恼了，然而，愈是苦恼，成绩就愈是下滑，逐渐形成了恶性循环，就像故事中的赵小莲一样。赵小莲作为一名初三学生，面对繁重的学习任务时常会出现烦躁不安的情况，加上成绩不理想，更是产生了嫌弃自己的想法。而妈妈面对孩子成绩下滑时，并没有大发雷霆，采取让孩子放松心情的办法，终止孩子麻木、机械地学习，赵小莲也因此快乐起来。

其实，枯燥的学习过程引起孩子分心或者厌学是完全可以理解的，此时，如果父母再大肆呵责，就更容易加重孩子的这种情绪。所以，父母应当适时地给予孩子心理支持，并为孩子创造一个轻松有效的学习氛围。

从上面的例子中不难发现，当孩子表现异常的时候，父母首先要做的，就是多关心孩子，当孩子出现学习苦恼时，父母应该关注孩子，多倾听孩子的心声并鼓励他，不能在孩子失落的情绪中再增添新的"伤口"，对孩子严厉地指责和管教。这样只会让孩子变得更讨厌学习。

当孩子厌学时，父母可以讲一些其他的事情，转移孩子的注意力，比如，给孩子讲述一些自己工作中的事情，让孩子知道不只学习会有酸甜苦辣。另外，父母还可以多给孩子讲一些成功人士的奋斗史，让孩子体味其中

艰难，从而坦然面对学习上的不尽如人意。

父母在督促孩子学习时，应当先考虑孩子的承受能力，盲目且大量地给孩子安排学习任务非但得不到希望的效果，还会增加孩子的心理负担，从而导致孩子的接受能力更差。所以，父母应该让孩子劳逸结合、充分休息、状态良好，学习效果自然会变得更好，也会打消孩子厌学的不良情绪。

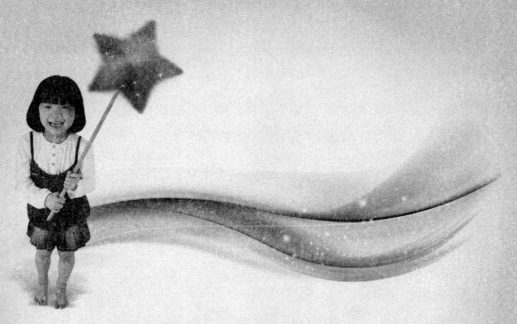

第八章

让孩子学会经济独立，
比拥有更多财富重要

现在，越来越多的父母开始重视起孩子的财商教育，他们希望孩子能从小就拥有经商的才能，想让孩子自主地去学习和增强自己的商业头脑。但这毕竟不是一件容易的事情，如果没有父母的悉心教导和正确引导，孩子只会变成一个"败家子"，让父母有苦难言。本章专门为父母解决了这一难题，让父母轻松就能搞好孩子的财商教育。

别让孩子认为钱是大风刮来的

日常生活中，经常有父母抱怨孩子花钱如流水，其实这是父母对金钱避而不谈换来的结果。父母总觉得孩子还小，没必要了解太多金钱方面的常识，所以就造成了孩子花钱如流水的局面。但是，孩子对金钱有着与生俱来的兴趣，这种兴趣不会因为父母的忽视而消失，相反，如果没有正确的引导，就很容易让孩子形成错误的金钱观。

李阅夫妻是高档写字楼里的白领，因为挣钱比较多，所以儿子胖胖手里从没少过钱，胖胖要多少，李阅就给多少，久而久之，李阅发现，儿子变得很能花钱，几天就能花掉小一千，一个月"消灭"四五千那就是家常饭菜。

对于这一状况，李阅感到很担忧：现在他们能挣钱所以无所谓，万一哪天，他们不能挣这么多钱供孩子花了，那可怎么办？

所以他就把儿子胖胖叫到身边，对他说："儿子，你知道钱是从哪来的吗？"

"我知道！"胖胖很干脆地回答道，"当然是爸爸从取款机里取出来的。"

"那为什么爸爸能从取款机里取出钱呢？"李阅又问。

儿子想了想，回答道："因为有银行卡啊。"

"有银行卡就能从银行取钱？"爸爸再问。

李阅很痛快地点头说道："小伙伴说过，现在我们还小，不能有银行卡，等我们长大了，也就能从银行里取钱了。"

李阅哑口无言，看来真的很有必要对孩子进行一下再教育，告诉孩子，钱到底是从哪来的。

可当他正要开口时，却听到儿子神神秘秘地对他说："前两天在学校里，还有人说，钱是从厕所马桶里漂出来的。哈哈，太逗了。"

"发生了什么事呢？"李阅耐着性子问。

儿子笑得直不起腰来，对他说："原来，是有人上厕所没带手纸，就用百元大纱擦屁股了，然后水冲不下去，钞票又漂了上来，被其他同学发现了，哈哈哈……"

听到儿子这些话，李阅惊出一身冷汗来，没想到在网上看到的炫富行为，竟然真的发生在自己身边，而且还是正处于学习阶段的儿子身边，这可不得了，看来，他得尽快纠正儿子对钱的认识。

生活中，对家中钱的来源不清楚的孩子有很多。在去年，我国儿童教育专家曾在北京、上海、广州等地做了一个家庭教育方面的调查，发现许多家庭中的6岁以前的孩子对"家里的钱是从哪里来的？"这个问题没有正确的回答。有的说是"从爸爸口袋里拿出来的"，有的说"家里本来就有"等，真正回答"是爸爸妈妈上班挣得"的只有三分之一。这说明，在孩子的启蒙教育中，父母忽视了对其进行相应的财富教育，特别是"财富来源于何处"，这个问题没有给孩子讲清楚。

很多父母都有"孩子还小，不必告诉他那么详细父母工作的事情"，"这些知识是不是太深奥了，孩子会不理解吧？"等类似的想法，总认为等孩子再长大些了告诉他们也不晚。其实不然，如果孩子不及早明白"劳动致富"、"有付出才有回报"的道理，就不会对家里的财物有明确的认识，也不利于其形成清晰正确的金钱观，更不能体会到父母工作挣钱养家的辛苦。

因此，父母可以在日常生活中就告诉孩子"爸爸去上班了，只有工作才能挣到钱，才能给你买喜欢的娃哈哈"，"我们家里的所有东西，都是爸爸妈妈辛苦工作挣来的"，让孩子产生初步的印象。当孩子对这个问题感兴趣后，父母可以在回答其问题的同时，多介绍自己的工作内容，让孩子能有更深的印象。这样的教育也为父母日后教育孩子热爱劳动，尝试自己独立挣钱奠定基础。

父母要让孩子知道父母劳动所得的辛苦。父母应正确引导孩子，让他明白父母一个月大概能挣多少钱，而这些钱又能用来办哪些事情。比如，可以告诉孩子家里的一切开支都要从父母的薪水中支出，而父母挣这些钱需要付出哪些努力等。这时，父母可以给孩子做形象的对比，如孩子学习英文一个小时就累了，打扫屋里的卫生十几分钟就不耐烦了等，和这些相比，爸爸妈妈每天要工作几倍十几倍于其的时间，而且工作不好还要被批评、甚至扣工资等等。通过这些形象的事例，孩子才会明白"原来爸爸妈妈每天要忙那么久，那么累，我应该体贴他们"。

让孩子把钱放在存钱罐里

随着年龄的增长，孩子对金钱有了基本的了解后，父母会给孩子一些零花钱，让孩子自己做主怎么花。但是有时候，孩子不懂得做计划，有钱就乱花，如果父母听之任之，就会让孩子形成大手大脚花钱的毛病。所以，父母可以给孩子一个存钱罐，引导孩子逐渐养成存钱的习惯。

小黄马上就要过生日了，妈妈对他说："儿子，妈妈今年送你一件有意义的特殊礼物，怎么样？"

"是什么？"小黄高兴地问。

"存钱罐！这样，你就能把自己的零花钱存起来，用来买更多更有用的好东西。好不好？"妈妈拉着孩子的手问。

其实小黄早就想要一个存钱罐，只不过怕妈妈不同意，而且自己的零花钱也不多，所以一直没开口，现在听到妈妈的话，当然很高兴地就答应了下来。

于是第二天，小黄和妈妈一起，去超市选购喜欢的存钱罐了。

"这个怎么样？粉粉的小猫，多可爱。"妈妈指着一个粉色小猫形状的存钱罐问小黄，小黄摇摇头，说道："粉色是女孩子们喜欢的颜色，男孩子喜欢更酷的样子。"

"更酷的啊……"妈妈在货架上扫来扫去，看见一款变形金刚的存钱罐，高兴地拿了过来，对小黄说，"这个怎么样，很酷吧！"

"可是……我不喜欢……"小黄低下头，轻摇了两下。

妈妈没办法，只好让他自己在货架上寻找自己喜欢的存钱罐，可看了半天，小黄都没找到自己喜欢的。

"妈妈，这里没有我喜欢的。"小黄噘着小嘴说道。

"那我们去别的超市。"妈妈没有生气，拉着他的手就带他去其他超市选购了。

谁知道，天都黑了，他们都没选好一个小小的存钱罐。

"都没喜欢的？这可怎么办啊。"妈妈苦恼地问，"小黄，你到底喜欢什么样的存钱罐？"

"这个嘛……我也说不清楚，知道大概是什么样的，就是形容不上来。"小黄有些怯怯地说道。

"知道，却说不出来？那如果让你自己做，能做出来吗？"妈妈突然想到一个好主意。

小黄坚定地点点头，高兴地回答道："肯定能做出来的。"

有了儿子肯定地回答，妈妈大手一挥，宣布道："那我们回家，自己做存钱罐去！"

其实，存钱罐对孩子来说，既是他的玩具，又是他的"聚宝盆"，是他自己的财富的象征，更是培养孩子正确理财，锻炼财商的起点。在孩子的儿童岁月中，用存钱罐的方式，能让他早早接受"控制花钱的欲望"的训练，对孩子形成正确的理财心态有着很大的帮助。

市场上有很多儿童存钱罐，做工很精致，价格也高低各不同，不少父母都是给孩子买一个作为礼物送给他，或是让他挑一个。但是，既然是培养孩子的理财意识，我们不妨做得更彻底些，只要孩子喜欢，可以动手给孩子做一个充满个性的存钱罐，说不定孩子的存钱动力更足呢。在做存钱罐时，父母最好让孩子也参与进来，充分参考孩子的意见，让孩子体会到动手制作东西的乐趣和成就感，还能强化孩子存钱的意识。

现在的小孩子在有了零用钱后，常常会先狂花一阵，买一些自己喜欢但不实用的东西，没几天就玩腻了。或者手头又没钱了，就又向父母要。这让父母很发愁，怎么管教才好呢？

马小辰特别喜欢吃甜食，所以每个星期他一拿到父母给的10元零花钱后，就会风一般跑去买各种甜食吃，结果往往是一两天就把一星期的零花钱花光了。

这一天，马小辰看上一架玩具飞机，跑过去一看价码，低着头往后退了一步，为什么呢？原来玩具飞机要几十元，而马小辰的零花钱并没有那么多。

可他真的很想要这个玩具，就飞快地跑回家，对妈妈说："妈妈，能再给我一些零花钱吗？"

"这可不行，妈妈前天不是刚把这星期的零花钱给你了吗？"妈妈摇头拒绝了孩子的要求，并问他，"你要钱做什么？"

"我想买玩具。"马小辰如实回答。

听到这个答案，妈妈更不可能给他多余的零花钱了，就对他说："你如果真的很想要那个玩具的话，可以自己想办法攒钱。"

"怎么攒呢？我真的很想要那个玩具。"马小辰认真地回答道。

"你可以规定自己每个星期只花一小部分零花钱，剩下的钱全攒下来，这样一来，没多久你就有钱买玩具了，不是吗？"

"可我怕自己忍不住花钱。"马小辰低沉地垂下了头。

妈妈想了想，写了两张纸条交给他，并对他说："把这两张纸条放在你的口袋里，当你再想花钱的时候，就打开看看它们。"

马小辰打开纸条一看，只见第一张纸条上写着：我真的要买这个东西吗？

第二张纸条上是：买了这个东西，我还能买其他东西吗？

马小辰连摇了两次头，手紧紧地握在口袋上，坚定地对妈妈说："妈妈，我想我会攒够钱买玩具的。"

上面故事中，马小辰妈妈的做法很巧妙，取得了不错的效果，值得我们借鉴。但是，孩子大都自控能力较差，即使采取这种方法教育孩子，也要经常提醒孩子才行。除了这个方法外，父母还可以鼓励孩子把零用钱存起来。在孩子有了存钱罐后，父母应多加鼓励孩子存钱。父母自己的一些零钱也可以存进去，给孩子一个表率，让其明白"并不是我一个人在存钱，爸爸妈妈也在存钱"。当孩子存到一定数量时给予其奖励。父母可以对孩子说："宝贝，当你的存钱罐里的钱存到一半时，爸爸给你买喜欢的动画片看"，"当你的存钱罐存满时，妈妈给你买一身漂亮的新衣服，而且是你自己挑的，怎么样？"在这种目标激励下，孩子的存钱欲望会更强。过了一段时间后，当孩子存钱的动力不足时，父母可以适当鼓励他一下，不要忘记当初爸爸妈妈的承诺，你喜欢的漂亮衣服快到手了哦！

存钱，并不意味着只存不花，那样的话，孩子就会减少存钱的动力，也会对理财等失去兴趣。父母可以和孩子商量好，当他存到一定数量后，可以从中取出一部分来花，用这部分钱买喜欢的东西，特别是平时零钱买不了的稍贵些的东西，让孩子在存钱中尝到甜头，才能鼓励孩子坚持下去，逐渐形成习惯。父母可以和孩子一起商量，让孩子想出自己在未来一个月、一个季度内想要的东西，并列出名单来，然后将最喜欢最想要的标出来，再和自己的零用钱相比较，看看够还是不够。如果不够，父母应教给孩子，尽量少花自己的零用钱，积攒起来买自己最想要的，而其他的则可以舍弃。

当孩子拿到零花钱后，父母可以告诉孩子"你要是一拿到钱就去买东西，那下次给你钱的时间就会往后推迟了哦"。让孩子不得不尝试控制自己的购买欲，这其实也是锻炼孩子忍耐力的一个方法。孩子只有较好地控制自己乱花钱的习惯，才能进一步合理使用零花钱，才会在理财方面取得好的效果，否则，再好的想法也很难取得成效。

让孩子做次家庭预算

对于孩子来说，他们处于懵懂时期，许多事情都是知其一不知其二，甚至其一也是一知半解，特别是在花钱上，孩子往往想不到那么长远。这时，父母就要对其进行相应的理财教育了，而家庭预算就是其中很重要的一个方面。家庭预算是指家庭未来一定时期收入和支出的计划。时间可以是月、季和年。家庭预算表非常类似收支年度统计表。做家庭预算的目的是为了规范支出，帮助家庭改善财务状况，使家庭财富增加。

卢小路花钱一点计划也没有，早上给他的零花钱，不到中午就有可能全被他花光了。几次之后，妈妈实在是忍受不了他的行为，就对他说："钱要有计划地去花，要不然，真到你需要钱的时候，却没有钱了，怎么办？"

"有爸爸妈妈啊。"卢小路满不在乎的回答把妈妈气得要死。妈妈叉着腰厉声说道："你以为爸爸妈妈还会再给你钱花吗？从今天开始，你的零花钱扣掉，再也不给你了。"

"哇……"卢小路被吓坏了，哇的一声哭了出来。

这时候，爸爸从房间里走了出来，听到他们的话后，对妈妈说："你这样教育孩子是不行的，看我的！"

说完，就蹲下身子，抹干儿子的泪，对他说："儿子，你知道咱们家的钱是怎么花的吗？"

卢小路摇摇头，爸爸把他拉到沙发上坐下后，起身去书房的书柜里拿出了一个本子又返了回来。卢小路抹着泪朝本子上看过去，外皮上写着大大的四个字——家庭预算。

"这是什么？"他问。

"是我们家的花钱计划啊。"爸爸打开本子，让儿子看里面的内容，只见每一页都满满地写着各种花销计划。例如，每个月生活储备金共1500元，水电费等花销200元，买衣物300元，蔬菜瓜果500元等。

在每个月的计划最后，还有个小括号，标注着：用在儿子身上必须要占总金额的三分之一。

卢小路看见这行字，马上不哭了，抬起头问爸爸："为什么我们家要做这样的计划呢，别人家也是这样吗？"

"我相信，不光我们家有这样的小本子，其他人家里，也有这样一个计划表。这是因为，钱是有限的，可我们的需求是无限的，如果不做到有计划地花钱，像你一样，一拿到钱就大手大脚地花掉，那我们每到月底，岂不是连吃饭的钱也没了？！难道你想和爸爸妈妈一起饿着肚子，喝西北风？"

"呃……"卢小路缩了缩脖子，小声说道，"肚子饿很不舒服的，会没有力气读书学习的。"

"对啊，所以为了不饿肚子，爸爸妈妈必须要做好花钱计划，保障你每天都有可口的饭菜吃。"摸摸儿子的头，爸爸继续说道，"所以呢，爸爸妈妈给了你零花钱后，就没有再多的钱给你了，为了不让爸爸妈妈为难，为了能有钱花，你自己是不是也应该做个花钱计划呢？"

"可是我不知道应该把钱花在什么地方，爸爸帮我一起做计划，好吗？"卢小路可怜巴巴地看向爸爸，爸爸当然很乐意参与儿子的活动，点头答应了下来，卢小路高兴地马上跑去拿纸笔了。

故事中卢小路就是一个花钱随性的孩子，没有计划的结果就是零用钱常常超支，这让他的妈妈非常头疼。可孩子还小，只是简单地批评和责备是不行的。孩子不但不理解还会产生其他想法。而卢小路的爸爸采取的方法就很不错，用自己家的账本给孩子讲解花钱要有计划的道理，取得了很好的成效。

日常生活中，如果父母单纯地讲概念，孩子不容易理解，这时候，父母就可以用"我们下个月打算买什么东西，大概花多少钱，超出就不能再花了"等通俗的语言讲解。并在实际例子中给孩子讲：爸爸妈妈在以后做家庭预算时，你也参与进来，我们一起做好吧？调动孩子的积极性，让孩子在参与中了解到有关预算的更多知识。比如，在每个季度或每年固定时间举办简单的家庭会议，每人提议家庭中要增加的大件物品、个人希望实现的愿望，然后大家讨论决定，列入预算。这样的方式，有助于孩子更细致地学习预算制定。

父母要教孩子先规划一下家庭里支出的种类。比如说：保险，正常生活开支（水电费、饭菜钱、车钱等），旅游的费用，人情世故方面的费用等。然后把这些项目对应的预计花费的数额列出来，分摊到每个月，计算出每个月的开销。根据自己的收入，把这些钱按类分配。最后，就是准备几个银行卡，把每份支出放进对应的卡里面。用哪一方面的钱就从哪个卡里取，比较容易控制，即使超支也会知道是哪方面超支了，然后，再根据实际情况做调整。

父母应鼓励孩子自己主动做一次家庭预算，体会一下当家做主的辛苦和自豪，在孩子获得小小自豪感的同时，让他知道钱挣得不易，体会父母平时精打细算时的心情。

学会节俭，让孩子记一次账

节俭是一种美德，更是一种良好的财富观念，但凡在创造财富的过程中获得较大成功者，无不将节俭作为自己财富计划中最重要的内容之一。

在物质极其丰富的现代社会，节俭对每一个人来说都十分重要。一个有很强赚钱能力的人，如果学不会节俭，总是无节制地花钱，肆意浪费，那么即使拥有金山银山，他最终也有可能将其挥霍一空。

王小黑家的经济条件比较好，家里人也总是惯着他，平时为他提供十分充足的物质条件。渐渐地，王小黑开始变得大手大脚，花钱几乎没有节制，而且很浪费。

每次吃饭，不管是在家里还是在外面的餐厅里，王小黑总是会先将喜欢的食物夹一大碗，却不考虑自己到底能否吃完。而结果是，大多数时候他都没有吃完自己碗里的东西，而且还会趁家人不注意，偷偷将剩菜剩饭倒进垃圾桶里，因为他不想下一餐吃剩饭。

后来，奶奶从老家来到王小黑家照顾他，可一进门，就发现家里到处是王小黑扔的玩具和零食。奶奶原以为是王小黑调皮，喜欢乱扔东西，于是就去帮他整理起来，还把他吃剩下的零食都放回冰箱里。结果，王小黑看到非但没有感谢奶奶，反而抱怨道："这些都不要了，奶奶你又放冰箱里干什么？"

奶奶惊奇地问："为什么不要了？这些零食都没过期啊，打开包装的那些也是能存放较长时间的。"

"反正就是不要了，我才不管能不能存放呢。这些都是我吃剩下的，就得扔了。"王小黑理直气壮地说。

看到王小黑这样浪费，奶奶心中特别不是滋味。后来的日子里，奶奶每次看到王小黑浪费钱、食物或其他东西，她都很心疼。于是，她便想尽自己所能帮王小黑改掉这个坏习惯，以免他将来不懂得如何管理自己的财产，甚至成为一个败家之人。

俗话说，成由节俭败由奢，可如今的许多孩子却根本不懂得节俭，时常乱花钱、随便浪费。合理消费，这对他们来说成了一个大难题。所以，培养孩子节俭的品质，让他们树立正确的理财观，这已是迫在眉睫的要事。否则，父母若长期放任孩子的浪费行为，就很可能使孩子在未来独立生活时陷入严重经济困境。

父母要尽早让孩子体验当家的难处，当孩子因不懂得节俭的意义，不清楚该如何正确地使用金钱及其他物品而肆意浪费时，父母就应教孩子学会如何合理花钱，学会节俭等。一般来说，从孩子上小学低年级开始，父母就应教孩子买东西，让孩子清楚该如何用钱，如何选购物有所值的商品，还要教孩子保管财物的方法，以防丢失、被盗等。

另外，人们常说"不当家难知柴米油盐贵"，这句话对孩子也适用。平时生活中，为了让孩子懂得节俭的重要性，同时培养其良好的消费习惯、生活习惯等，父母可以试着让孩子当家，让他自己体验当家理财的难处。

比如，在孩子学会用钱后，父母可以每隔一段时间让孩子主持家庭事务，让他对某一天或某一星期家里的收支状况做预算，并亲自记账、盘点财物等。这样，孩子不仅能慢慢体会到节俭对于家庭生活的重要意义，而且能从中学到一些好的理财方法。

寒可可经常见爸爸妈妈在一个小本子上写写画画，感到很好奇，难道爸爸妈妈每天也要写作业吗？

这天，他又看见爸爸把小本子拿了出来，准备在上面写东西，他赶紧跑过去，抱着爸爸的腿问："爸爸，你是不是也在写作业，让我看看你写的是什么，好不好？"

"爸爸已经不用写老师留下的作业了，不过呢……爸爸自己给自己留了作业，每天都要把作业写在这个本子上。"爸爸想了想，回答道。

"自己给自己写作业？是什么作业？"寒可可歪着脑袋问道。

"咱们家的收入和花销记录啊。"

"那是什么？"寒可可不明白地问。

爸爸把他叫到身边，耐心地回答道："家里每个月的生活费是固定的，如果花销大于咱们家的收入，可又不知道是哪里多花了钱，岂不是很令人头疼？所以每天及时地把今天家里的花销记录下来，等到月底核查的时候，就会知道，哦，原来是这里花了不该花的钱啊。那么咱们下个月就可以把这方面的花销去掉，这样不就省掉一部分钱了嘛。"

"原来可以有这样的用处啊，那我是不是也可以帮爸爸妈妈做记录呢？"

"当然可以。"爸爸点头说道，"其实，你也可以给自己做一个记录册，把自己使用零花钱的情况记下来，每个月的月底，就可以和爸爸妈妈一起查看收支状况了啊。"

"这真是个不错的方法，爸爸，快教我怎么做收支记录吧。"寒可可高兴地抢过爸爸手里的小本子说道。

故事中的寒可可看到爸爸经常在本子上写写画画，感到很好奇，就去问爸爸，原来爸爸在做的是"记账"的作业。寒可可看爸爸记得很认真，而且对家庭还很有好处，就勾起了他的兴趣，也想学爸爸妈妈那样记账。在爸爸的指点下，寒可可有了自己的记账本。这是一个很成功的理财教育案例，其成功之处在于父母的因势利导，让孩子在兴趣的指引下主动学习记录收支，这要比父母"要求"、"命令"孩子去做效果要强得多。处在这个时期的孩子，会将任何有趣的东西都看成是玩乐。他们也更喜欢在玩乐中学习、探索未知的奥秘，也因此才会在遇到困难时不会轻易放弃。

在要求孩子记账的时候，父母要明白，自己记录收支账目和教孩子记录收支的目的不完全一样。成人做记录就是要想方设法控制支出项目，合理安排花销，使家庭财富得到增长。而教孩子做记录，最主要的目的，是让他明白"什么是理财"，学会分析自己的支出行为是否合理并养成记账的良好习惯。让孩子养成了良好的习惯，以后才会对"理财"感兴趣，并取得较好的收效。

父母可以教孩子制作一张自己的零花钱收支表，记录每天的花费和收入。收支表的类别不需要很多，只把支出分成食物、衣服、零食、学习用品、玩乐等类即可。当孩子买了东西后，父母应让他及时记录，不要拖到第二天。另外，让孩子明白记录的越细致越好，比如在逛过超市，拿到购物小票后，要清楚记下消费时间、金额、品名等项目，如没有标识品名的单据最好马上加注。

需要注意的是，孩子的天性是喜欢玩耍，对枯燥、简单重复的事情兴趣不大。父母可以据此采取多种方式激发孩子记账的兴趣，比如和孩子一起设计绚丽多彩的记账本，用不同颜色的笔记录不同的开支项目；如果这个月的某项开支比上个月减少了，就在这项上贴上小红花作为奖励；和孩子互相检查对方的记账本，给对方挑挑错；给孩子介绍几种简单实用的家庭记账软件，让孩子自己去操作等。

孩子，去"创业"吧

让孩子自己创业当老板，听起来很荒唐，但却是培养孩子财商的极好的方法。当然，我们在乎的并不是孩子到底能挣到多少钱，而是想利用这个方法，让孩子在成长过程中学会如何理财。

王新力是个有爱心又有责任感的好孩子，别看年纪小，办起事来一点也不比大人们含糊，在小区里，受到了大家的好评和信任，经常把一些鸡毛蒜皮的小事交给王新力，让他帮大家处理一下。

当然，这些事情一般都很容易解决，比如照顾李家的孩子、寻找赵家的宠物等。

有一天，王新力和爸爸妈妈在家里看电视，新闻里播放了一条比较有趣的消息，说是一个人在小区里开办了一个万事屋，帮小区里的住户们解决一些困难。像是换个灯泡、照顾下孩子之类的事情，和王新力正在做的事情还挺像。

妈妈就开玩笑说道："我看小宝你也去开一个这样的公司好了，又能帮助人，又能挣钱。"

爸爸也点头附和道："我看行，小宝，怎么样，自己当老板赚钱。"

"不行，不行，爸爸妈妈别取笑我了。"王新力连连摇头，脸都变得通红。

这个时候，刚好有邻居来请王新力帮忙遛狗，听到他们的谈话后，马上爽朗地笑道："这个主意不错，我们一直受小宝照顾，也不知道怎么回报，这个方法不错，就当给小宝一些零花钱嘛。"

爸爸妈妈又帮王新力琢磨了一下，觉得这还真是个可行的方案，能让儿子及早接触商业的一些东西，也许是件好事。

"那爸爸当老板，我帮爸爸打工好不好。"王新力还是有些犹豫，自己当老板什么的，他从没想过。

"爸爸妈妈有自己的工作啊，而且这不是你喜欢做的事情吗？自己当老板，还可以雇你的小伙伴一起帮助小区里的邻居们，大家又能挣到零花钱，何乐而不为呢？"爸爸鼓励道。

王新力听了爸爸的话后，若有所思地低下了头，不一会儿，他像是想通了一下，高兴地抬起头，对爸爸妈妈说："妈妈，我想试一试。"

"这才对嘛，初期的成本，爸爸帮你出！"爸爸高兴地把儿子举过了头顶，父子俩欢乐地玩耍了起来。

对于一些平常不太爱说话、性格比较内向的孩子，父母也可以用这种方法来锻炼孩子的勇气和胆量，让他在大庭广众下卖东西，多和人交流，而且更多的是和陌生人说话。这对孩子来说是个大挑战，实施起来，既有挑战性，又有锻炼意义。所以，让孩子自己当老板，既能锻炼孩子的能力，又能让孩子学会对来自父母及身边的照顾感恩，对孩子的成长有帮助。

如何让孩子创业呢？可以从摆摊练起。孩子从小到大用过的物品不少，但用破用坏的却不多，很多东西修整一下，完全和新的没两样。而且，大多孩子都"喜新厌旧"，用旧的东西就扔到一边，而看见新的好东西，又央求父母帮自己买回来。对于这种情况，父母完全可以借机锻炼一下孩子的经商能力。"咱们可以买新的，但旧的你毕竟得卖出去才行。"父母可以这样对孩子说，然后帮助孩子把旧的、可以二次出售的东西收集在一起，让孩子自己当老板，把东西卖给需要的人。这样一来，赚回来的钱就可以用来买新物品了。这既锻炼了孩子的能力，又让孩子多了份零花钱，何乐而不为呢。

有份报纸上曾发表过这样一篇报道，称：8岁孩子为照顾生病的父母，自愿担任自家小店的"小老板"，帮助父母买卖商品，挣钱养家。

李先生一家本来生活得和和美美，在小区里开了家小卖部，可以说是吃穿不愁。但有一天，李先生和李太太同时患病，双双卧倒在床，这可愁坏了一家人。治病需要钱，生活也需要钱，可现在他们卧床不起，小卖部没人照应，以后生活可怎么办啊。

就在这个时候，李先生8岁的儿子"挺身而出"，对爸爸说："爸爸，我来看店。"

就这样，李先生的儿子当起了小老板，在亲戚朋友的帮助下，把小卖部的生意看管得很好，不仅慢慢地治好了爸爸妈妈的病，还学了一身的本领。

李先生的儿子因为家庭遭遇变故而不得不"上阵迎敌"，在现实生活中，家里也开着店面的父母不妨也像李先生那样，抽个机会，让孩子也体会一下"当家做主"、当小老板的感受。没准那时候我们会发现，原本什么都不会的孩子，竟然有这么大的本事。

相信很多人都知道美国卖柠檬水女孩的故事。一个7岁的小女孩打算卖自制的柠檬水而被卫生监督员驱逐出市场，这在美国引起了强烈反响，反对卫生监督员的驱逐行为。这是为什么呢？因为他们认为柠檬女孩的行为应该得到大众的支持，她更符合美国的创业精神，更能培养出孩子独立、自强的积极态度。

但是卖柠檬水女孩的故事，并不是美国的先例，其实大部分美国人在小时候都有和小伙伴或家人一同出售柠檬水的经历。这在美国，一直被视为最基础的创业课程，是培养孩子财商的必经之路。国内的父母不妨也借鉴一下，让孩子自己做一些小东西来卖，既能培养孩子的财商，又可以锻炼孩子的胆量和动手能力。

和爸爸妈妈一起出门去"上班"

在美国，再富有的家庭也不会娇纵孩子，尤其是在金钱上面，更不会放纵孩子随便花钱。有这样一个故事，说的是美国一个富翁，为孩子准备了最好的生活环境和学习场所，但是富翁却对孩子说："从今天开始，你自己的生活用品和学习用品，要自己想办法挣钱去买，爸爸妈妈已经为你花了不少钱了，不会再帮你在这些方面掏钱了。"并且，富翁为孩子指出了一条路，可以帮助一个农场挤奶，来挣取每个月的生活费。

我们中国父母也可以效仿这一点，不妨对孩子心"狠"一点，严格一点，让孩子和自己一起走出家门去"上班"。但也不是掐断他所有的去路，看孩子在原地打转，而是为孩子指出一条明路，引导他走出家门，用自己的双手挣钱养活自己。

　　黄小周是个勤快的孩子，经常帮爸爸妈妈做一些力所能及的家务活。爸爸妈妈为了表彰她的行为，就对她说："作为鼓励，爸爸妈妈给你点零花钱好了。"

　　"谢谢爸爸妈妈。"头几次，黄小周都感激地收下了爸爸妈妈给的零花钱，不过慢慢地，她就高兴不起来了，嘟着嘴对爸爸妈妈说："老师说，帮助父母干活是孩子应该做的事情，爸爸妈妈总给我钱，就好像我是寄养在咱们家的工人一样。爸爸妈妈以后还是不要给我零花钱了。"

　　爸爸没想到女儿能说出这番话来，高兴地把她抱起来玩举高游戏，逗得小周哈哈大笑。玩累了之后，妈妈突然说："要不然，小周你出去找份工作怎么样？"

　　"妈妈，我还是小学生啊。"小周吓了一跳，赶紧跑过去搂住爸爸的脖子小声说，"爸爸，妈妈变成我后妈了。"

　　"别胡说。"爸爸弹了下她的脑门，然后认真地说道，"妈妈的意思是，让你走出家门，去帮别人做一些事情，试着自己挣零花钱，这不是很好的'工作'吗？"

　　"原来是这样啊。"小周夸张地松了口气，不过接下来，她又苦恼地说道，"可是我还是个小孩子，没人愿意请我吧。"

　　"我们可以找熟人帮忙啊。比如说你李阿姨不是自己开了个泥塑工作室吗？我们可以去问问她要不要请你当杂工。"

"我最喜欢李阿姨做的泥娃娃了，去她那里帮忙，一定十分有趣。"小周拍着手从爸爸身上跳下来，像只小燕子一样，飞快地奔出了家门，边跑边说，"我现在就去请李阿姨雇用我当帮手。"

在家帮爸爸妈妈做些力所能及的家务活来赚钱，毕竟和成年人打工的意义是不太一样的。所以，为了能让孩子更好地体会到"工作"的含义，并教会孩子在生活中主动发现一些"商机"，让孩子走出家门，去找一份工作，打一份工，显得尤其重要。

在这方面，美国就做得很好。美国的父母从小就开始培养孩子的挣钱能力了，而且培养孩子"财商"的方法多种多样。

而且，在国外，父母侧重的不是如何教孩子去赚钱供自己花，而是想办法让孩子把挣到的钱存起来，这才是他们鼓励孩子外出打工的真正目的。

就有一位这样的美国父亲，他不仅鼓励自己的儿子在学习之余外出打工，更为了表扬和肯定儿子的这种行为，对他说："儿子，你每挣到1美元，我都会赠送你同等的金钱，存在你的个人账户上，当你长大成人后，我就会结束这个约定。"

儿子觉得这真是天上掉下了大馅饼，为了能得到父母更多的奖励，儿子很卖力地打工，自己赚的那份钱，一部分也存起来，一部分则花在购买学习用品上。当儿子终于从学校毕业的时候，儿子的账户上已经有1万多美元了。这对于刚刚踏入社会的孩子来说，是很富裕的一笔财富。

同时，因为儿子有着丰富的工作经验，所以毕业之后很轻松地就找到了一份不错的工作，工作能力也得到了充分的认可。

从上面的例子中不难看出，让孩子走出家门打工是件多么有意义的事情。因此，我国很多家庭，也都开始重视起孩子的财商教育来。为了让孩子能体会到打工挣钱的辛劳，父母和社会各个阶层想出了一个又一个方法。比如，开展仿真城市活动，让孩子在这个浓缩的城市里，扮演各种各样的职业，体验打工挣钱的乐趣。

其实，父母可以和亲朋好友联合起来，为孩子创造一个适宜的工作环境。比如，去亲戚家打个工，帮朋友家做件事，这些都可以作为孩子的工作，交给孩子来完成，既实现了让孩子出门"工作"的目的，又能锻炼孩子能力，提高孩子的财商，何乐而不为呢？

第八章 让孩子学会经济独立，比拥有更多财富重要

第九章

处世之道，
鼓励孩子从家庭迈向社会

现在家庭结构简单，独生子女就是家里的小皇帝、小公主。家里的长辈们都宠着、疼着他们，这让孩子往往只考虑到自己而想不到照顾别人。时间长了，就会导致孩子在与人相处时出现诸多的不适应。为了孩子日后的快乐成长，父母可以适当放手鼓励孩子多与人相处，在交往中学会独立处理人际关系。

孩子间的矛盾，父母不要参与

　　孩子在交友的过程中，难免会和朋友发生一些纠纷，可是很多时候我们见到的情景并不是孩子之间在争吵，而是父母在其中不断干涉。比如，教育孩子要学会谦让，不要和小朋友打架，不时地向被打孩子的父母道歉。本来孩子之间的争吵是件很简单的事，可父母的参与让原本一件简单的事变得复杂起来，很可能让昔日的好友真的发生矛盾，无法和好如初。很多时候孩子们之间的纠纷都是小事，即使有矛盾，用不了多少时间就会和好了，父母根本没有必要去干涉。

　　王芳芳和李小天是邻居，两个孩子经常在一起玩，两方的父母也非常高兴她们之间能相互做个伴。

　　一天，两个孩子在屋子里高兴地玩着，两位妈妈在一旁边看着孩子玩耍边聊天。不一会儿，两位妈妈发现王芳芳和李小天争执起来，她们都想玩同一个洋娃娃。这时王芳芳的妈妈想过去劝解一下，李小天的妈妈却说："不用担心，她们一会儿就没事了。"

　　话刚说完，两位妈妈就看到李小天把洋娃娃抢过来了，王芳芳噘着嘴不高兴，过了几分钟，也许是王芳芳不服气，就又去抢李小天手里的洋娃娃，两人争执了一会儿，不相上下，这时李小天妥协了，她说："我们一起玩还不行吗？"结果两人一起玩了起来。

　　两位妈妈相视一笑。

李小天和王芳芳的妈妈的做法是很可取的，因为两个孩子之间闹矛盾，经常只是因为一些小事，也没有什么危险的行为，父母如果强行参与其中，多加干涉的话，只会让孩子之间的关系变得糟糕。所以，不管孩子与朋友间有什么冲突，父母不要总是插一脚，这样会让孩子对这种事不知该如何处理。经常按照父母的意思去办事，这样会使孩子难以有自己的主见，一旦离了父母就不知所措。

但是完全不管教孩子，也是不可取的。父母可以教孩子一些避免和解决纠纷的技巧。比如，教给孩子不要无故冒犯同伴；要懂得礼貌用语：别人帮助自己，要说声"谢谢"，不小心碰到人家要说"对不起"；教孩子懂得谦让，和同伴都想玩同一个玩具的时候，可以让同伴先玩等。

在孩子和朋友发生矛盾的时候，父母可以适当地引导孩子自己解决纠纷。孩子之间的纠纷没有多少利害关系，父母可以放手并鼓励孩子自己想办法解决。

王涛和李豆豆是好朋友，由于李豆豆的父母工作比较忙，没时间带孩子，而王涛的妈妈则希望能有个小伙伴陪孩子一起玩，于是便成了王涛家的常客。

一天，两个小伙伴在客厅里看动画片，王涛想看喜羊羊，李豆豆想看奥特曼。王涛想换台，李豆豆紧握着遥控器就是不让换，"今天看我喜欢的，明天再看你喜欢的。"李豆豆站在沙发上高举着遥控器。王涛也很坚持，就是要看喜羊羊。

僵持了半天，还是没有结果。王涛向妈妈投去求助的目光，妈妈只是温柔地对孩子说："妈妈相信你会想出办法的，你跟爸爸抢游戏机的方法不就是自己想的吗？"

"那我们来一次石头剪刀布，谁赢了就看谁喜欢的动画片，怎么样？"王涛歪着头想了一下说。

"好吧。"李豆豆似乎觉得这样也比较公平一些。

"那我们就来一次，谁赢了遥控器归谁管。"王涛见李豆豆答应了，很高兴地说。

李豆豆点点头表示同意。结果李豆豆赢了，于是两人就都坐下来看奥特曼，等奥特曼播放完了，两人又看起了喜羊羊。而且两人达成协议，以后遥控器的管理权都是由剪刀石头布的方法来决定。

王涛的妈妈一直在一旁温柔地看着两个孩子，最后欣慰地笑了。

上面故事中的妈妈对孩子之间的矛盾并没有过多地干涉，只是在一旁给了孩子一点小提示，让孩子知道该如何解决这件事。但最终的处理权，还是在孩子的手上，这样的做法对帮助孩子解决纠纷是十分有效且友好的，既没有把事情复杂化，又培养了孩子解决问题的能力。在平时孩子遇到纠纷时，父母们也可以参考一下王涛妈妈的做法。

父母应教会孩子保护自己。告诉孩子要学会自我保护，不要欺负别人，但是遇到别人欺负自己时，应尽量避开，不要让自己受到伤害。尽量避开并不是毫无原则地退让，一味地退让只会让孩子更加胆小懦弱，让人看不起。父母还应教孩子学会适当的反抗，如果有人存心挑衅，要及时地制止，事后可以告诉父母或其他人，让他人来帮助一块儿想办法，解决问题。

不要让孩子在朋友面前抬不起头

很多时候，父母以为孩子还小，并不懂得面子为何物。其实恰恰相反，成长中的孩子心理更敏感，自尊心更强，尤其是在朋友面前，他们更注意他人对自己的评价。如果父母在朋友面前说自己的坏话，孩子就会很不开心，继而也会对这个朋友产生一些意见，严重影响了孩子的交友。比如，孩子的朋友到家里来玩时，孩子刚夸了自己两句，父母便忍不住插嘴进来把孩子平时的缺点数落一遍，弄得孩子很没面子。因此，父母应注意，在孩子的朋友面前要给孩子留些面子。不要因为父母的疏忽，而让孩子在朋友面前抬不起头，伤害他们的自尊心。

周末，李梦茹请了几个朋友到家来玩，这时，小芳环顾了一下李梦茹的房间，赞叹道："李梦茹，看不出来你平时马马虎虎的，房间整理的倒是很有条理嘛！"

"就是啊，书还是归类放的。"王芳芳也附和道。

"你一定花了不少工夫吧！"

"那当然，我很小的时候就开始学着整理房间了，这对我来说小意思啦。"李梦茹得意地说。

这时，从门口经过的妈妈听到了李梦茹的话，说："小孩子不要说谎，这是你整理的吗？整天衣服就知道乱扔，被子也不叠，这是我花了两个小时才给你弄成这样的。"

李梦茹顿时脸红了，生气地说："我那里说谎了？这就是我自己整理的！"

不久，班里的人都知道了李梦茹不叠被子，搞得李梦茹总觉得背后有人在议论她。

妈妈说那些话可能是无心的，但是却给李梦茹的自尊心受到了不少伤害，被妈妈当众揭短，让她在同学面前抬不起头来。如果这种情况持续下去，还有可能会让孩子产生自卑心理，无法在他人面前昂首挺胸的生活。

那么，当着孩子的朋友面儿，父母应该怎么做才是正确的呢？

父母应平等地对待孩子，不要当着孩子的朋友斥责孩子。倘若孩子犯了错，父母应在没有外人在场的情况下，对孩子进行教育；即使在孩子的某些言语或举动伤到父母的面子时，父母也不应当众批评孩子，可以先用商量的口吻制止孩子，等到和孩子单独在一起的时候在跟孩子讲道理，千万不要打骂孩子，最好通过比较温和的方式，让孩子认识到自己的错误。站在孩子立场去尊重孩子，这对孩子形成一种自尊自爱的品格是非常有益的。

王胖胖和李猛是好朋友，两人是同班同学，放学后，两个孩子经常边聊天边等着父母来接他们回家。

这天，李猛的妈妈来得比较早，看到孩子与同学聊得那么开心，不忍心打扰，于是就站在学校的门后，想等孩子聊完了再出现。

"李猛，你今天交给美术老师的画，画得真好看，老师说你很有天赋呢！"王胖胖美慕地说。

"我花了一晚上画了那幅画呢，当然画得比较好了。"李猛骄傲地说。

李猛昨晚并没有画画啊，妈妈心里感到疑惑。

"同学都说你画上的小兔子跟真的一样呢，我要是也有你这么好的天赋就好了，你真是个天才！"王胖胖一脸崇拜。

小兔子！那不是前两天李猛的堂哥来玩时，看到家里养的兔子，觉得很可爱，忍不住画的吗？李猛居然拿他堂哥的画交给了老师，妈妈感到很生气。想去制止，但一想事已至此，揭穿孩子并没有好处，只好等回家再说了。

回家后，妈妈微笑着对李猛说："李猛，前两天你堂哥画的那幅小兔子妈妈很喜欢，想把它挂到客厅里，可今天找不到了，你能帮妈妈找找吗？"

李猛不好意思地低下头，说："我把它和我的画换了，交成作业了。"

"那这样做对不对呢？"

"妈妈，我知道错了，我以后不会这样了。"李猛在心里暗下决心，以后再也不交"假作业"了。

妈妈在听到李猛拿堂哥的画代替作业时，心里也生气，但是她并没有当众揭穿，这样一来，既保护了孩子的自尊，也没有在孩子的朋友面前损害到孩子的形象。并且妈妈在事后采取措施让李猛意识到自己的错误，而李猛也知道错了，决心再也不犯同样的错误了。

父母不要当众说孩子的糗事。有些父母在谈论孩子的时候，会把孩子以前闹过的笑话说出来，发生在孩子身上的糗事，在父母看来是笑话，可在孩子心里确实关于脸面的事情。因此，父母们在一起聊天的时候，不要把孩子的私事作为说笑的内容，以免伤了孩子。

吴天正在读五年级，由于性格开朗，很多同学都爱和他玩。一天吴天和同学打完篮球回家，在楼下正好遇到吴天的妈妈在和邻居聊天。

"我家的小云都6岁了，还整天要人看着，大人一走远了就哭鼻子。"隔壁张阿姨说。

"孩子长大了就好了，我家吴天上一年级的时候，我还天天跟着呢，现在不也没事吗。"吴天的妈妈说道。

"你上一年的时候，还要大人陪着呢？"同学听了，不禁打趣道。

"妈！你胡说什么呢！"吴天生气了，说完气冲冲地走开了。

妈妈也许觉得说说吴天小时候的事情没什么，但是在吴天看来，那样会让同学瞧不起的。自己的糗事被公布出来，孩子会感到被解剖后示众一样，没有安全感。这会让孩子感到"颜面尽失"，还会导致孩子以后自信心不足，不敢在朋友面前大声说话，总觉得矮人一等。所以，为了保护孩子的自尊心，父母应杜绝以上行为，让孩子能挺起胸脯和其他孩子正常交往。

让孩子学会正确交友

现在多数家庭都只有一个孩子，很多父母对于孩子的要求几乎是言听计从，而且会尽最大的努力让孩子吃好的、用好的，这样的教育方式虽给孩子提供了较好的物质条件，却不利于孩子的健康成长。

过多的宠爱阻碍了孩子多方面的发展，比如：过多的食品容易让孩子养成挑食、偏食、不珍惜粮食等坏习惯；父母替孩子包办好一切，容易让孩子养成懒惰、依赖性强等不良习惯；过分的纵容，会让孩子养成指使别人、以自我为中心、自私的坏毛病。这些，都严重影响了孩子的交友，让孩子不懂得如何和他人相处，交不到朋友。

小新是家里唯一的孩子，爷爷奶奶对这位孙女甚是宠爱，父母也把她当成小公主对待，只要孩子想要的，父母都会尽力满足。比如，小新想学钢琴，父母立刻替孩子报了兴趣班，并为孩子买了架钢琴便于孩子练习。

今年，为了能让孩子受到良好的教育，父母便把她送到当地最好的初中，那是一所寄宿学校。

小新每天睡觉前有听音乐的习惯，以前在家的时候自己睡一个房间，声音大点没关系。可是到了学校之后，小新仍保持以前睡前放音乐的习惯，这让宿舍的同学很难接受。有人劝她说："小新，你放音乐会让我们睡不着觉的，要不你带我的耳机听，好吗？"

小新无所谓地说："戴耳机对耳朵不好，你习惯了就好啦！"这样的回答让同学无话可说，只能生闷气。于是，每天晚上只有等她睡着了别人才能睡。

宿舍的一个同学忍不住把事情告诉了老师，老师说了她一次，她只是戴了两天耳机，一切又恢复从前了。

不久，小新的这种的行为被宿舍同学集体制止了，而且同学们也都不愿意和她来往了。

小新在家养成的习惯，让她根本不懂得为他人着想，而这种"唯我独尊"的思想让她很难和同学融洽的相处，这对发展良好的人际关系是不利的。独生子女中像小新这样的情况其实很多，父母应让孩子做自己的主人，去独立处理他们生活中的问题，父母们在必要的时候给以正确的引导就可以了。为了让孩子以后有较好的发展，从小就应让孩子发展良好的人际关系，因此父母应鼓励孩子多与他人交往。

首先，父母应给孩子创造交往的机会。比如，鼓励孩子去找邻家的小朋友玩，或者把同学请到家里来；父母还可以给孩子报一些兴趣班，既能为孩子培养特长，又可以让孩子因兴趣结识到不少朋友。

小雪刚搬到新家，对周围的小朋友也不熟悉，加上她性格不是很开朗，不懂得结交新朋友，只好整天闷在家里自己玩。爸爸见状很着急，就想办法让小雪尽快结识周围的小朋友。

这天，爸爸故意买了很多水果，对小雪说："小雪，咱家的水果太多了，我想送给隔壁兰兰家一些，你能帮爸爸把这些水果送过去吗？"

"可是我没去过她们家……"小雪小声地说。

"没关系，兰兰的家人都见过你，兰兰还说要跟你做朋友呢！待会儿你可以请兰兰来我们家玩。"爸爸鼓励道。

小雪犹豫地点点头，去兰兰家了。不一会，爸爸看到小雪拉着兰兰的手回家了，"爸爸，我想请兰兰在我们家吃晚饭。"小雪不好意思地说。

"当然可以！欢迎兰兰成为我们小雪在这里第一位朋友。"爸爸笑着和兰兰打招呼。

"谢谢叔叔，那我可以和小雪一起去上学吗？"

"好啊，真高兴你能和小雪做朋友。我们小雪真厉害，这么快就交到一位好朋友！"

听了爸爸的话，小雪开心地笑了。不久，小雪就和周围的小伙伴都熟识了。

像小雪这种比较内向的孩子，父母应该像小雪的爸爸的一样，为孩子创造机会，并且在孩子结识新朋友时，父母应及时给以鼓励，这会让孩子在交朋友时比较自信。

其次，父母应注意培养孩子的交往能力。父母可以安排孩子和不同年龄的朋友交往。比如，和比他大的孩子交往，孩子就可以见识到更多东西，掌握一些在同龄人身上学不到知识和技巧；跟年龄较小的孩子交往，既可以培养他们的领导能力，又可以培养他们的正义感：不欺负弱小；与同龄人玩耍，可以锻炼孩子与同伴之间的配合能力。

小月上三年级了，成绩也比较好，懂事又可爱，在学校，老师和同学都很喜欢她，在家里，周围邻居家的小孩都高兴和她玩。有时妈妈上班比较忙，没时间看孩子写作业，就会让邻居比较大的孩子小强帮着检查作业。一开始，小强觉得小月什么也不懂，不太习惯。后来相处久了，渐渐地就把自己觉得比较好的学习方法教给小月。空闲的时间，还会教小月一些自己的特长，现在小月不仅学会了下棋，还学会了轮滑。

平时妈妈有空的时候，就会带着小月到楼下小孩多的地方玩，小月会很热心地把自己会的交给那些小孩子。小月会让他们按大小个排好队，一起跳舞，一起做游戏，活像个小大人。"你家小月真是多才多艺啊，这么小就这么能干！"

"小月这孩子真叫人喜欢啊，常叫小月来我们家玩啊。"听到他人对孩子的赞美，小月妈妈心里高兴得不能自已，也知道自己的苦心没有白费。

小月的妈妈典型的是个智慧型母亲，她知道孩子的交往能力应该从小培养，并且让孩子和各种年龄段的孩子玩耍，不仅拥有良好的人际关系，还培养了孩子的能力。

最后，父母可以教孩子一些具体的社交方法。社交方法是培养孩子交际能力不可缺少的一部分，如果孩子想和别人一起玩游戏时，教孩子礼貌地问："你们的游戏真好玩，我能和你们一起玩吗？"好的方法往往能起到事半功倍的效果，父母应根据不同的场合，教孩子相应的技巧。

做个乐于助人的好孩子

助人为乐是一种传统美德，古人为此还有"日行一善"的说法。而且生活中我们不难发现有爱心、喜欢帮助别人的孩子总是比较讨人喜欢，谁见到这样的孩子都忍不住夸赞两句。并且这样的孩子一般都会比较活泼开朗、乐观，原因就是帮助别人会让孩子感到快乐。

其实帮助别人的益处远不止这些，帮助别人还会让孩子有种成就感，这样会让孩子以后即使面对困难也会比较有自信；帮助别人还会让孩子拥有良好的人际关系，广结善缘。

有的父母为了让自己的孩子取胜，从小对孩子对孩子进行这样的教育："同学问你问题，不要告诉他，不然他会超过你的。"或者"这种蛋糕比较有营养，很贵的，不要随便给别人。"慢慢地，孩子在这种教育中，成了一个自私自利的孩子。这种凡事以自己的利益为出发点的想法会让孩子慢慢走向孤立，没有谁愿意和一个自私自利的同学交往。比如：同学有急事，希望孩子能帮他打扫卫生，结果孩子觉得这样不仅会很累，还会弄脏衣服，就不帮忙。试问这位同学会怎么想，他以后会愿意帮助别人吗？而且，在以后走向社会，这种自私的性格也会让孩子举步维艰。

每个父母都希望自己的孩子是个品学兼优的三好学生，乐于助人的品质是必不可少的，那么，父母如何才能教导出一个喜欢帮助他人的好孩子呢？

首先，父母可以向孩子"求助"。其实，每个孩子都希望在家中做自己做主人，也想参与到家庭的生活中。父母应为孩子创造做主人的机会，在孩子面前扮演弱者，让孩子来帮助自己。比如，平时买菜回来时，可以对孩子说："宝贝，这些菜太重了，妈妈拿不了，你能帮妈妈拿些吗？"相信孩子会很乐意帮助大人的。用这种方法从小培养孩子帮助他人的习惯，还是很有效的。

从生活的细节上去教孩子帮助别人。不是空给孩子讲道理，而是让孩子把助人为乐在生活中付诸实践，这是比较可行的一种办法。

一次，妈妈带艳艳坐公交出去玩时，艳艳指着黄色座位问道："妈妈，为什么那些座位是黄色的呢？我看到好多车上都有这样的位子呢。"

妈妈笑着说："那些座位是给老爷爷老奶奶、肚子里有小宝宝的阿姨和小朋友坐的，因为这些人行动不方便，所以我们应该让位子给他们坐。"

这时，有一位阿姨带着一个小男孩上车了，而座位恰好已经满了，这时，妈妈对艳艳说："艳艳，你看那位小弟弟没座位呢，而且你看他满头大汗，应该很累了，我们该怎么帮他呢？"

这时，艳艳对那位小男孩说："小弟弟，你坐我的位置吧！"

"明明快谢谢姐姐，你长大了也要向姐姐学习，知道吗？"阿姨对孩子说道。

"谢谢姐姐。"小男孩带着稚嫩的声音说。

艳艳听了，一种快乐感油然而生，并决心以后每次坐公交车都要给他人让座。

乘坐公交车几乎是每个人都会经历的事，而艳艳的妈妈很聪明地抓住这个机会，在公交车上给孩子上了一课。生活中这样的细节还很多，父母们应善于发现机会，抓住机会，从点点滴滴中让孩子懂得帮助别人。

其次，父母应对孩子的善行给以鼓励。父母的鼓励对孩子来说是一种肯定，得到父母的肯定和赞扬会激发孩子对这方面的热情，让孩子更热心地去帮助别人。

小区中有一位上了年纪的章爷爷，由于老人腿脚不好，子女又都不在身边，一个人生活上难免会有些不方便。小易的爸爸决定经常带着孩子去帮老人做一些力所能及的事情。这次，爸爸让小易帮老爷打扫屋子，屋子扫完了之后，老爷爷赞扬道："小易这么小，就这么懂事，真是个难得的好孩子的啊。这次多谢你了，小雷锋。"

"章爷爷你太客气了，这是应该的。"小易不好意思地笑着说，心里却十分高兴。

爸爸接着赞扬道："老爷爷千万别客气，需要的时候尽管说。小易经常帮助别人，老师还经常表扬他呢！"

不久之后，小易变成了小区公认的"及时雨"。

爸爸看似不经心的一句话，其实是小易帮助他人的动力，让小易努力成为一个乐于助人的人。爸爸的这种办法还是比较有效的，其他父母可以借鉴一下。

再次，父母可以带孩子参加一些公益活动。带孩子参加公益活动可以让孩子了解到还有很多人需要帮助，而他的帮助可以让很多人受益。比如，带孩子去孤儿院做义工，看到那些无家可归的孩子，可以激发孩子的爱心和同情心，进而学着去帮助别人。这对孩子将来的人际交往十分有利。

让孩子做个宽容的人

宽容是一种大度的表现，是人与人相处的必须具备的品质。富有宽容心的孩子比较善良、和蔼、讨人喜欢，这样的孩子在为人处世中，能避免很多无谓的事端；宽容的孩子往往有比较宽阔的胸襟，能很好地和各种性格的人交往，也能较快地适应不同的环境，这是一种身心健康的表现。因此，父母应重视培养孩子明白进退、宽容待人的品质。

不懂得宽容的孩子爱钻牛角尖，对事斤斤计较，一旦别人不小心冒犯了他，就会咄咄逼人，而且闹得自己心里也很不痛快，久而久之，就会影响到他和朋友之间的关系，对孩子的成长十分不利。

王芳芳和小羽两个人是同桌，小羽的座位靠着走廊，下课时间同学都会在走廊间来来往往。

这天刚下课，同学们前呼后拥地往教室外走去，而上了一节课感到口渴的小羽刚拿出水杯要喝水，结果不小心被人一碰，水洒在了王芳芳的新课外书上。看到刚发的新书被水浸湿了，王芳芳很生气："你怎么这么不小心啊，这本书没法看了，你要陪！"

把人家的新书弄湿了，小羽很不好意思，觉得王芳芳的要求也合理，就抱歉地说："那你看我的吧，我用这本湿的，可以了吧？"

王芳芳便把那本湿的书往小羽桌上一摔，把小羽的书拿过来就放在自己的桌子上了，但还是很不高兴。上课的时候，王芳芳发现同桌小羽换的那本新书的封面折了一点，没自己的那本好，心里对这件事感觉更不舒服了。

于是，王芳芳下课之后就把这件事告诉了老师，结果，老师把小羽批评了一顿。小羽没想到把自己都把书跟王芳芳换了，王芳芳居然还把事情告诉了老师，就再也不和王芳芳说话了。

不久，王芳芳觉得旁边没人说话很难受，可是又不知道该怎么办。

同学间相处难免会有摩擦，只要双方各后退一步，就没什么大不了的。但是王芳芳却没有选择宽容，结果，不仅不会使弄湿了的书恢复原样，还失去了一个朋友，得不偿失。其实，不懂得宽容不仅会影响孩子的人际关系，对孩子的健康成长也是不利的。那么父母该用什么方法让孩子懂得宽容，学会宽容呢？

父母应教孩子学会理解他人。理解是宽容的前提，每个人都会有些不顺心的事，心情不好在所难免，一时的冒犯也不是有心的，孩子理解这点后会比较容易宽恕朋友的错误。

每次想到筹划已久的生日就要到了，小丽就会高兴得傻笑一阵。在生日到来的那天，小丽高兴地把自己的好朋友都请到家中。

在生日派对上，大家高兴地说说笑笑，气氛十分热闹。当大家分吃蛋糕的时候，小丽高兴地将蛋糕递给小梅，小梅却口气很冲地说："不用给我了，我不喜欢吃蛋糕！"本来很好的气氛，顿时被小梅的一句话破坏了，小丽强忍住心中的怒火，转移话题以改变尴尬的气氛，而大家也很配合，不再提刚才的事。

好好的生日聚会被小梅破坏了，小丽对小梅一直心怀怨愤，想找机会也让小梅下不来台。但是母亲及时劝说道："我看你生日那天小梅一直闷闷不乐的，估计是有什么心事吧，你可以找她聊聊，我觉得小梅绝对不会无故破坏你的生日聚会的。"

在妈妈的劝说下，小丽主动约小梅谈心，小丽这才了解到：前一阵子，小梅的父母因为工作出差，没人给她过生日，而本来答应给她带的生日礼物，也都没带，这让小梅很失落。而那天小丽过生日的情景，让小梅想起了自己的生日，所以一时不快，说话有些冲。

了解到这些以后，小丽对小梅的行为表示理解，原谅了小梅，而且两人的感情更加深厚了。

在没了解到小梅的事情前，小丽本是打算找机会报复小梅的，而这将会导致两人关系更加恶化，但是妈妈的劝导让小丽改变了主意，最后小丽原谅了小梅，化干戈为玉帛。

父母还应该让孩子去了解朋友的性格。有的人开朗话比较多，有的人内敛少言，让孩子知道不同的人做事的方式也不同，这也是让孩子学会宽容的方法之一。

父母应教孩子掌握原谅的标准。父母要让孩子知道，宽容忍让不等于没原则的一味容忍。对于一些小事，没有严重的利害关系，可以宽容原谅；对于原则性的问题，比如偷窃、抄袭等，就不可以原谅。但是对于不可原谅的事情，应采取巧妙的方式解决，要注意场合和语言。

父母应教孩子善待他人。孩子对别人好，别人也会对孩子好。孩子学会了善待他人，就已经有了一颗善良、包容的心，自然而然地就会学会宽容。

有个孩子站在山的对面大声叫道："喂！"

对面的大山反射回道："喂！"

孩子又叫道："你是谁？"

大山回答道："你是谁？"

孩子生气了，又喊了一句："你是笨蛋！"大山又是原话回答。孩子愤怒的又骂了很多话，大山依然一句不差地回应。

孩子回家后跟妈妈说了这件事，妈妈耐心地说："你不该那样对他说话，如果你对他友善地说，他就会很友好地回答你的。"

妈妈又接着说道："生活中，不论是谁，你对人家好，人家就会对你好，如果你粗鲁地对待别人，那你永远都不会得到别人的友好对待。所以，你以后要和善待人。"

这位聪明的母亲很好地借机教育孩子该怎么对待别人，教孩子善待他人，其实就是善待自己，对别人宽容，别人就会对你宽容。俗话说得好：赠人玫瑰，手有余香。

父母可以让孩子体验一下不宽容别人的害处。比如别人碰了孩子一下，孩子就会还人一下，那么下次这个同学就很可能不跟孩子说话了，这时父母可以告诉孩子原因，让孩子知晓利害关系，孩子就会明白下次该怎么做了。如果别人做错事，孩子毫不容人的话，就会让朋友害怕或不愿与孩子交朋友，不懂得原谅别人的人也得不到别人的原谅。这对孩子步入社会是很不利的。

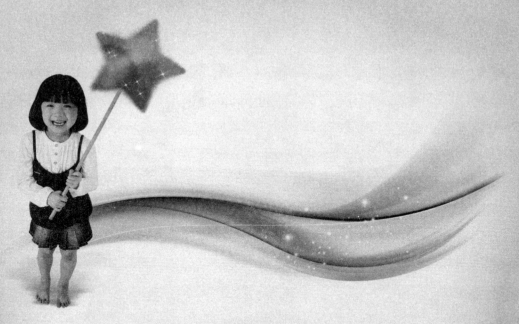

第十章

成功教子，
父母要有所为有所不为

孩子，不仅是父母的儿女，也是有着独立人格的人。与成人相比他们有着一颗更敏感的心。有时候父母一句无心的话，都足以左右他们的情绪和行为。因此，在生活中父母不仅要善于引导孩子快乐向上，还要注意反躬自省，改善自己身上的不足之处，以更好地帮助孩子成长。

多站在孩子的角度看孩子

为了让儿子更出色，更多才多艺，爸爸妈妈为儿子报了很多学习班，奥数的、美术的、音乐的、英语的。这让儿子从周一到周末，没有一天的自由时间，看着其他孩子欢快地在外面玩，儿子总是一脸羡慕，对父母有些怨恨起来。

"儿子，这周末有一个专家讲座，我帮你报了名，也买好了票，你到时候记得去听，爸爸妈妈还有事儿，就不陪你了。"晚上，妈妈把一张门票和一些零钱递到了儿子手里，就扭头离开了。

儿子撇撇嘴，小声说："我想去玩，不想去听讲座。"

但是没人听到他的低语，估计就算有人听到了，也会训斥他一顿，或者干脆装听不到。

转眼，一周就过去了。周末的时候，爸爸妈妈去忙应酬，儿子也出了门。但是第二天，也就是周一，妈妈却把儿子叫到身边大骂了一顿。

"你为什么没有去？你知道爸爸妈妈花了多少钱，多少精力才帮你买到票的吗？爸爸妈妈这么为你着想，你怎么能这么不懂事？说，昨天去哪了？"

儿子低着头，咬着唇，良久，才在妈妈即将爆发的一刻，说道："去公园玩了。"

"去公园？和谁？玩了什么？你真是越大越长本事了，翅膀硬了是不是？竟然敢不听妈妈的话，自己跑出去玩，你……"妈妈还想说什么，却见儿子头一扬，大声反驳道："你们就知道让我学这学那，我每天学的脑子都快炸了，我也想像其他小朋友那样无忧无虑地出去玩。我到底哪做错了？天天就知道念来念去，我早就念傻了！"

说完，儿子就哭着跑了出去，妈妈呆愣愣地站在原地，有些不知所措。

生活中，很多家长把孩子当作自己的所有物，经常以主人的身份规范孩子的言行，不让孩子动那个，不许干这个，这样一来孩子几乎成了家长的遥控器。父母过于注重自己的权威，总是以上级对下级的态度命令和要求孩子，这样的教育方式往往忽略了孩子的想法，时间久了，不仅会破坏亲子间的关系，还会对孩子的成长带来不利影响。

很多事物，在孩子的眼里和家长的眼里是不同的，孩子有他们自己看待问题的角度，所以，父母不应以成人的眼光去看待和要求孩子，而是要学会换位思考，尝试站在孩子的角度考虑问题。这样才能赢得孩子的信赖，与孩子在情感上产生共鸣，从而拉近亲子之间的距离。

首先，父母要多和孩子沟通。

自从那次顶撞后，儿子和妈妈就陷入了冷战，每天两个人说话的总字数不超过10个，爸爸夹在两个人中间，要多别扭有多别扭。

那天的事情，爸爸回来后听妈妈说了，之后他就陷入了沉思。这几天没有发表任何意见，还是在思考原因。他和孩子妈希望儿子做个出色的人才，所以才为儿子安排了那么多的培训班、补习班，但没想到儿子会感到累。他以为儿子也喜欢才去参加这些培训的。

终于有一天，爸爸想通了，决定找儿子深谈一次。

"儿子，那些培训班，你真的一点也不喜欢吗？"爸爸开门见山地问。

儿子低着头，想了想，回答道："有一些，还是挺喜欢的。"

"那你那天为什么顶撞妈妈？"

"因为实在是太多了，我前面听，后面忘，根本吸收不了。要是只学一两样，自己又感兴趣的，我保证能学好、学精，可是太多，我就顾不过来了。"儿子很诚恳地对爸爸说："而且，有时候，我真的很想像其他同学、朋友一样，出去玩玩，也能多交些朋友。这不也是你们常说的交际吗？我挺喜欢交朋友的。"

爸爸没想到儿子能有这些想法，大吃一惊。看来，平时他们太独断专行，没有从儿子的角度出发看事情。既然现在儿子发表了自己的意见，他也该有所行动，不是吗？

于是，爸爸答应让儿子选自己喜欢的培训班去学，不喜欢的全退掉。但是要让孩子保证，必须像他说的那样，学好、学精，儿子当然很愉快地答应了下来，也郑重地向妈妈认了错。

现在的孩子由于环境所限，大多都缺少玩伴，这会使他们感觉孤独。所以，家长要多和孩子沟通，以便更多地了解孩子，进而可以站在孩子的角度看待问题。

家长和孩子沟通要进入孩子的内心世界，了解孩子的喜好、兴趣以及思考问题的角度、方法，在此过程中建立亲密的亲子关系，从而能更好地了解孩子的思维方式与行为习惯，并加以正确的引导。这对于孩子的成长来说是至关重要的。

其次，要建立相互信任的关系。

丽丽放学后，开开心心地回家，打开门却看见妈妈一副生气的样子。

丽丽明知不妙刚要往自己的房间跑，就被妈妈叫住了："我昨天新买的花瓶是不是被你打碎了？"

"不是我。"丽丽小声回答。

"不是你，还撒谎，昨天我买回来你就一直围着它转，肯定是你打破了，还不承认！"妈妈不依不饶地说。

"妈妈，我……""你别解释了，肯定是你。"还没等丽丽说完，妈妈就打断了丽丽的话。

丽丽伤心地回到了自己的房间，越想越委屈就流了眼泪。

晚上，爸爸回家跟妈妈说："我早上不小心把花瓶给打破了，今天工作忙还没来得及跟你说。"

妈妈这才意识到自己冤枉了孩子。

家长想和孩子建立和谐的关系，首先就要做到和孩子相互信任。如果缺乏信任，就会使孩子抵触家长，直接影响了家庭教育的效果。故事中的丽丽妈妈如果能耐心听孩子解释，去调查事情的真相，就能避免误会孩子的现象发生。生活中，父母一定要信任孩子，懂得站在孩子的角度去看待问题，这样才能建立温馨的家庭环境。

最后，不强迫孩子做不喜欢的事情。

现在的孩子得到过多疼爱的同时，还承载了父母过多的期望，这就造成了孩子不堪重负的现象。有些家长不考虑孩子的兴趣爱好，不征求孩子的意见，就擅自为孩子报了各式各样的培训班、辅导班。这些家长的本意是好的，却往往起到不好的效果。过多的压力会让孩子产生厌倦和逆反的情绪，不仅不能取得好的学习效果，还令孩子产生不快乐的情绪。

所以，家长要站在孩子的角度去分析孩子的特点和兴趣，结合这些为孩子寻找适合孩子的课程，不仅能取得事半功倍的效果，还能让孩子感激父母的理解，从而促进家长和孩子间的关系。

孩子出了错，多给他些反思的时间

大教育家孔子的弟子曾子有言："吾日三省吾身：为人谋而不忠乎？与朋友交而不信乎？传不习乎？"我国自古以来就有自我反思的古训。时常反思自己，是认识自我、完善自我、不断进步的前提。然而如今的家庭教育中，很多父母却未给孩子留出如此宝贵的时间，比如孩子写作业，父母就在旁边盯着看，孩子稍微出错，父母马上就去纠正。孩子宝贵的反思时间被父母的责骂、横加干涉占据了，父母如此别样的爱是不是真的对孩子好呢？

放学了，星星拿着月考成绩单忐忑地回到了家。因为成绩下滑了，星星也很郁闷，还一直担心着会被妈妈责骂。

"妈，考试成绩出来了，这是成绩单。"星星小心翼翼地递上成绩单。

妈妈接过去看着看着，就皱起了眉头，星星一顿紧张，心想一场狂风暴雨就要来了，果然妈妈发话了："怎么搞的，成绩下滑了！你有没有好好复习啊！就你这样忽上忽下的成绩，怎么考上大学啊！"

星星自知理亏，也不敢接话，心里也纳闷：自己的成绩怎么就下滑了呢？可是这念头就在自己心里一闪而过，就被妈妈责骂的声音给挤走了，心里剩下的只有恐惧。

"暑假哪里也别想去了啊！在家给我好好补补课。"妈妈接着说。

"啊，为什么啊？你明明答应我的啊？"明明不解地问。

"你考成这样，还想出去玩，考得好才有资格提条件，你知道吗？"妈妈说。

"讨厌，说话不算话。"星星生气地走了。成绩的事情完全抛到九霄云外去了，现在心里只有对妈妈的埋怨了。

星星考试成绩下滑了，其实他自己心里也有不解和委屈，想找出自己的不足，可是妈妈的责骂却让恐惧和埋怨挤满了他的心头，使得他再无心悔过和反思了。可以说，正是妈妈不正当的教育方式，耽误了孩子主动自我反思和改正的时间。其实，犯错误并不可怕，怕的是不知道自省，不知道反思。

所以，给孩子一点思考的时间，给孩子一点学习的主动权，这是父母值得尝试的，也是应该做的。能够反思自己错误的孩子，可以学会总结自己的经验教训，从而扬长避短，促进自己不断进步，而缺乏反思的孩子，只会不断地重复同样的错误，更谈不上提高自己了。因此，父母要给孩子反思的时间，让孩子随时反思自己，提高孩子自省的能力。

自我反思能力是人的一种内在人格智力。在取得成功时，它能够带给人自信，在遇到困难和挫折时，它能够鼓励人及时调整情绪，查漏补缺，从错误和失败中吸取经验教训。通过自我反思，人才能更全面地正确认识自己的优缺点，一步步走向成功。当孩子犯错误之后，其实他们内心也是充满了不安和惶恐的，也会有自我反思的意识，但是很多时候，孩子反思的小火苗都被父母们狂风暴雨般的斥责、谩骂给浇灭了。如果家长在此时能够给孩子留出一些反思的时间，并且适时给予孩子诚恳的提醒、有效的点拨，那么孩子是能够欣然认识到自己的错误，并积极改正的。而且，孩子感受到了父母的诚意，便会发自内心地信任父母，也有利于孕育出融洽的亲子关系。

在学习和生活中，当孩子做错事时，一味地说教和斥责，教育效果不但不明显，还可能引起孩子的反感，限制孩子改正错误的机会。这时，家长可采用平心静气的态度，而不是高高在上的责备。要引导孩子进行自我反思，明辨自己的过失。孩子做错事情时，有些父母就会问孩子："你知道自己哪里做错了吗？"这其实就是在促使孩子学会自我反思。父母还可以为孩子提供一些机会，让孩子亲自去了解那些积极正面的事例，让他们在对比中正确地认识到自身的不足。在学习上，家长也要多一点耐心，多让孩子自己想想，多问孩子几个为什么，多给孩子几声鼓励。

反思，不仅体现在思想上，更表现在行动中，所以，父母也应该引导孩子养成自己承担后果的习惯。生活中，有些父母爱孩子爱到连孩子的错误都一块包了，孩子做错了事，许多家长常常替孩子去承担犯错的后果，其实这样并不利于孩子改正错误，反而使孩子觉得做错了也没关系，丧失责任心，以致重蹈覆辙。所以，家长应该让孩子在主动承担后果、积极改正的行动中一点一点进步。

一天妈妈正在厨房忙着，忽然有点急事需要外出，就嘱咐小云说："小云妈妈有急事，需要出去一下，锅里正炖着鸡汤呢，你看着点火啊！"

"嗯，我知道啦。"小云轻松地应声道，接着投入到精彩的电视节目中去了。

不知不觉，半个小时过去，小云才猛然想起鸡汤的事情，连忙飞奔进厨房，看着满桌溢出来的鸡汤，小云一拍自己脑门，大叫道："这下完了，鸡汤浪费了，还得挨骂了！"

妈妈回来后，小云主动跟妈妈承认了错误，妈妈看着满桌的狼藉，没有发火，因为生气也于事无补，而且她明白小云已经知道错了，于是就说：

"小云，鸡汤为什么会撒呀？"

"妈，对不起，是我不小心，只顾看电视，忘记看着锅了。"小云回答，"但是，您放心，下次不会了，我会记住这次教训的。"

"嗯，那这次的错误怎么弥补呢？"妈妈问。

"那今天晚上碗我留给我洗吧！"小云说。

妈妈开心地笑了。

聪明的父母懂得如何引导孩子孩子思考，给孩子反思的机会。孩子犯了错误，让孩子自己反思所经历的事情，然而再尝试，这样才会起到真正的教育作用。孩子犯错误并不可怕，关键的是要懂得反思，所以，父母们多留给孩子一些反思的时间吧，让孩子从每天的反思中逐渐变得聪明起来。

教育"问题孩子"，父母更要有耐心

有这样一群孩子，他们在学习、品德或行为方面暂时存在一些问题，他们纪律松散、学习成绩差，他们常常不听话，还爱逃学或者打架斗殴，这就是老师和家长眼中的"问题孩子"。正因为这些孩子身上存在或多或少的"问题"，他们有的被父母粗暴对待，常常遭到父母的横加指责或打骂，有的被父母忽视和冷落，甚至干脆遭父母放弃，任由孩子破罐子破摔，走上迷途。殊不知，有问题的孩子恰恰最需要父母的关心和爱护，教育这样的孩子不是一朝一夕之事，更要有耐心。

月月的父母常年在外打工，月月是由爷爷奶奶带大的。由于奶奶疏于管教，月月养成了飞扬跋扈的性格，学习成绩一塌糊涂，上课睡觉、玩手机，最近还染上了偷东西的坏习惯。

一次，月月不经意看见了抽屉里放了不少钱，就偷偷地抽了一张百元大钞收起来了。没过多久，奶奶就发现了，问："月月，抽屉里的钱少了，我和你爷爷核对过了，谁也没动，是不是你拿的？"

"你们都没拿就是我拿的呀？我也没拿。"月月故作镇定地说。

"那你身上这件衣服哪里来的，这个价格你的零花钱也不够用啊！"奶奶明显已经有充分的证据了。

"我问同学借的，不可以啊！"月月说。

"你这个孩子，偷了钱还不承认，长大了还得了！"奶奶嗓门提高了八度。

"我没偷，我没偷。"月月仍旧不承认，她想：你们一点都不关心我，从来没人问我过零花钱够不够用，就只知道批评我，承认了又怎么样，还不是一顿骂。我就不承认，看你把我怎么着！

"你还敢犟，你妈不在你就敢凶奶奶了，看来不打你是不管用了！"说完，奶奶就扬起手给了月月一巴掌。

月月又羞又怒，但就是不松口，任由眼泪流下来。

奶奶也在心里纳闷，这孩子是怎么了，犯了错误承认了改正了就好了。干吗这么自讨苦吃呢！

其实，奶奶的疑问不难解答，正是老人家粗暴的责骂骂走了月月的诚实。月月偷了钱，奶奶也有了证据，内心难免有不安和害怕，如果这时候奶奶能够耐下心来，先关心月月为什么偷钱，给孩子一个台阶下，相信月月是会老实承认的。

说到问题孩子，大家第一反应就是坏孩子，其实，问题孩子并不一定是坏孩子。由于青春期的孩子尚未形成稳定而成熟的人生观、世界观，所以对一些问题有不正确的看法或行为出现偏差是难免的。有位哲人就曾经说过"不犯错误，那是天使的梦想；少犯错误，这是为人的准则。"父母不能因为孩子学习成绩差、爱讲粗话骂人、爱打架，就断定孩子没前途，对孩子失去希望。

家长应该持有这样一个理念，"每一个孩子都能学好，没有差生，只有差异"。对待问题孩子，家长更要怀着一颗宽容的心，耐心细致地教育孩子，给予孩子更多的帮助和关爱，切不可操之过急，期望他们在短时间内就能改掉几年养成的坏习惯。唯有宽容，耐心等待，孩子身上的问题才能逐步改正，批评打骂，甚至放任自流，只会让孩子误入歧途。

对于问题孩子，就像中医问诊一样，父母要了解孩子的个性、心理特征，以及行为习惯，找准问题的症结所在，然后才能对症下药，找到恰当的教育方法。例如有的孩子有厌学情绪，上课不爱听讲，学习成绩差，还经常逃课，父母就应该耐心找出孩子厌学的原因。如果是学习压力大，那父母应该适当给该孩子减减压，如果是孩子自身能力问题，那父母也不应该放弃孩子，不妨辅导孩子从看课本入手，从简单题入手，一点一滴地提高孩子的成绩，树立孩子学习的信心。孩子有了进步的动力，就会不再讨厌学习。对于爱打架斗殴、说谎等思想品德方面存在问题的孩子，父母就更应该有耐心，持之以恒的思想教育必不可少。孩子每一次犯错的时候，父母都该尽量给予及时纠正，在一次次的反复教育中耐心地给予孩子更多的关注和爱护。

金无足赤，人无完人。每个孩子都有缺点和优点，作为家长绝不能紧盯着孩子的缺点不放，而看不到他们的优点。问题孩子身上虽然存在着这样那样明显的差异，但也蕴藏着一些不引人注目的闪光点。他们很少受到人们的关注，更需要家长细致入微地观察，从而发现挖掘他们身上积极向上的因素，并选择有利的时机积极引导，适当表扬、鼓励，使之扬长改过，一步一步养成良好习惯。父母只要真心诚意地关爱孩子，能够做到循序渐进，一步一个脚印，全身心地投入，就一定能取得好的效果。

婷婷是大家眼中的问题学生，染着红色头发，化浓妆，还抽烟，常常迟到旷课，考试经常不及格，学习成绩一塌糊涂，而且纪律意识淡薄，老师曾多次对他批评教育，但收效甚微。

后来，妈妈发现婷婷很爱打扮，于是准备从这方面入手。

"婷婷，来帮妈妈画个眼线吧，我看你画的挺好看的！"妈妈故意说。

婷婷很吃惊，妈妈竟然夸自己了，于是细心地帮妈妈画起来。

"爱美之心人皆有之，但美不应该仅仅是外在的，如果没有内在的美，它们所表现出来的就只是一种轻浮。"婷婷一边画，妈妈一边启发她。

"妈，我懂您的意思，可是我本来就笨，再加课程落下太多，所以我就不爱学习了。"婷婷说。

"没关系，只要你肯，妈和你一块努力！"

后来，妈妈就抽出了很多时间引导婷婷从最基本的知识开始，一点一滴地帮她复习，虽然婷婷也偶尔犯错误，但进步很大。妈妈就会趁机表扬她，婷婷的劲头更足了，学习也慢慢赶上来了。

其实，每个人都不会自甘落后，只要父母对待问题孩子有耐心、爱心，善于挖掘他的优点，激励他奋发向上的勇气。婷婷最终能从一个问题孩子转变过来，正是妈妈一次次的努力，始终不渝的关爱，给了婷婷力量，让她终于成为内外兼修的好孩子。所以，父母对待问题孩子，关键是要有耐心，莫指望一次苦口婆心的谈话就能把所有问题都解决。对问题孩子的教育就像马拉松赛跑一样，必须有足够的耐力才行。

总之，对问题孩子，父母更要倾注爱心、耐心，努力消除他们的心理障碍，以真诚和宽容唤起他们的进取心，以尊重和赏识激发他们的上进心，从而引导他们健康地成长。野百合也会有春天！

再生气也不能给孩子贴标签

生活中，标签我们随处可见。它被贴在衣服、帽子、书、伞、杯子等各种各样的东西上，成为它们的说明书或代言人。人们也往往愿意通过标签来评价事物。然而，标签一旦贴在人身上，往往会给人留下不好的印象。因为，这时候一般指的是负面的标签。但是，"你怎么这么懒！""你怎么这么笨呢！""你就是不图上进！"等负面的标签却常常从父母口中脱口而出贴在孩子身上。也许家长是爱子心切，想快些把孩子的缺点改掉，就给孩子贴了标签，但这些无意间贴在孩子身上的标签，却伤害了孩子，也很可能影响他的整个人生。

妈妈想让儿子学点才艺，于是给大明报了一个吉他班，不知不觉已经学了一个月。

一天家里来了客人，大家心血来潮，就让大明弹奏一曲助兴，大明很害羞，连忙推辞说："还没学会，不会弹，不会弹。"后来在大家的鼓动下，拗不过只好弹了一曲。

"大明，你的音乐细胞都冬眠去啦，有点跑调嘛，还有几个音弹错了！"有人调侃大明道，客厅一阵哄笑。

生性内向的大明低下了头，比弹奏的时候更紧张了，觉得自己很失败。"你怎么这么笨哪！学了一个月了，一首曲子还弹不好！"妈妈也在一旁埋怨大明，"都说笨鸟先飞，笨鸟先飞，就你这样还不多抽点时间练习，别动不动就想着玩。"

后来，大明弹吉他的时候，就常常想起这件事，更是对大家对自己的评价耿耿于怀，弹吉他的时候也没了兴致，弹错的时候就这样安慰自己：自己没什么音乐天赋，弹成这样算可以了。再后来，大明就放弃了弹吉他。

其实大明并不是一只"笨鸟"，不过是内向的性格使得他在众人面前发挥失常。可是妈妈"笨鸟"的标签，却如烙印一般在大明的心里挥之不去，使得他最终放弃了学吉他。这是多么可惜！

孩子和大人一样，对他人给自己的评价很敏感，且常常通过周围人的评价来认识自己。积极的、正面的评价评价能够增强孩子的自信心，鼓励孩子，而消极的、负面的评价一方面可能促使孩子反思问题，努力改正，另一方面也可能打击孩子的自信心，使孩子产生自卑情绪。所以家长作为孩子最亲近的人，对孩子的评价至关重要，这会在一定程度上会影响到孩子的自我评价和自我发展。

生活中，一些父母并不放在心上的话语标签，却深深地印在了孩子的脑海里，无形中成了孩子成长路上的绊脚石。所以，作为父母，不应该给孩子乱贴标签。不论孩子表现如何，父母都不应该随便做出"没出息"之类的负面判断，也不能任意给孩子贴上"笨蛋"、"窝囊废"之类的灰色标签。因为这非但起不到教育的作用，还会伤害孩子的自尊心，使孩子形成错误的自我认识，对孩子的健康成长十分不利。

有些家长爱用成年人的高标准去要求孩子，如果孩子达不到要求，或者出了错，父母就数落孩子的短处，故意贬低孩子，这也是不可取的。诸如："你为什么这么笨？""你怎么这么胆小？""你怎么这样？"经常受到这种贬低和斥责的孩子，往往自信心会受到很大打击，时间久了，就会在不知不觉中接受家长的暗示，承认自己的能力差，慢慢地就失去了信心。因此，聪明的家长懂得用长远的眼光看待孩子，适当宽容孩子的小错误，用家长的信心去鼓舞孩子的信心。一时的错误不应该成为孩子要永久背负的标签，孩子更需要的是家长的信任和鼓励。

孩子和大人一样，积极的正面的暗示，能够传达给他们更多的正能量。对犯了错的孩子，支持和鼓励远比怒火之下的灰色标签更有教育意义。也许父母们只是想采用激将法才无意中给孩子贴了标签，好让孩子改掉错误，相对而言，鼓励更能让孩子接受。一句"犯错误是难免的，你做得已经不错了，我相信你下次一定会做得更好的"，更能够鼓励孩子知错就改。

孩子，不仅是父母的儿女，也是一个独立的人，有着独立的人格。他们有着一颗更敏感的心，有时候父母一句的无心的话，都足以左右他们的情绪和行为。所以父母不应该轻易给孩子下结论、贴标签，不要让一个个标签扼杀了未来可能的科学家和艺术家。评价是孩子成长的导航系统，父母现在如何评价孩子，将来孩子就很可能成为那样的人。

相信孩子缺点的背后是优点

俗话说："看庄稼是别人的好，看孩子是自己的好。"可是，现实生活中却有许多父母都会觉得别人的孩子好。如，别人的孩子成绩优异，别人的孩子懂礼貌，别人的孩子更听话……他们深爱着自己的孩子却总觉得自己的孩子比不上别人的孩子。在这种压力下，自己的孩子也变得越来越糟。心理学上有一个原理叫"投射效应"，就是说在生活中人们常常以一己之见去揣测别人的心思，以自己喜好来决定他人的喜好。当我们认为这个人很好时，他就会变得越来越好，而当我们认为这个人很差时，他就会变得越来越差。这个原理很好地解释了为什么父母认为自己孩子不够优秀，孩子就真的变得一塌糊涂的现象。

"东东，你出来一下。"妈妈一进门就对正在写作业的儿子气呼呼地说。

"怎么了？"东东一看妈妈神色不对，吓得大气也不敢出。

"怎么了？你们今天测验了是吧？考了多少分啊？"妈妈瞪着东东问道。

"哦……"东东显然没有想到妈妈知道自己测验了，犹豫着要不要将自己的分数说出来。

"说话呀！"妈妈生气地说，"你现在是越来越有主意了是吧？考试了都不告诉我，想蒙混过关是不是？要不是我刚才去了隔壁小月家，我都不知道你们考试的事儿。"

东东知道逃不掉了，吞吞吐吐地说："我……我怕您生气。"

"不告诉我就不生气了？有本事你多考点，多考点我就不生气了。考了多少？"妈妈严肃地批评道。

"考了……12分。"东东战战兢兢地小声说。

沉默了两秒钟之后，妈妈叹气道，"唉！我真是太失望了！你说你怎么这么笨啊？你看人家小月，回回考前几名，妈对你要求不高吧？及格就这么难？"

"我已经很努力了。可是……"东东红着眼睛说道。

"你努力了吗？一直跟你说笨鸟先飞、笨鸟先飞，脑子不好使就得比别人多学会儿，你多学了吗？"

"我已经比别人学的时间长了。"东东委屈地说，"妈，我是不是真的很笨啊？"

"唉，我跟你爸都没上几年学，也难怪你不聪明。"妈妈说完转身走了，留下东东在原地难过地哭了起来。

在妈妈眼中，东东就不是一个聪明的孩子，从小她给东东灌输的思想就是"笨鸟先飞"，难道东东真的很笨吗？当孩子伤心欲绝，问妈妈自己是不是真笨的时候，妈妈没有体察到东东的情绪变化，将东东不聪明的事实归结于自己和丈夫，这无疑是向东东宣判他真的很笨。这会给东东造成强大的心理负担，在以后的人生中，东东都会背着"自己很笨"这个大包袱前行了。

孩子的成长具有不均衡性，这种不均衡性不仅表现在孩子各个阶段的智力增长的差异性上，还表现在对不同方面接受能力的差异上。比如，有些孩子上小学初中时很聪明、学习成绩很好，可是到高中时却表现平平；而有的孩子小学时成绩很差，可是上了初中后成绩却能突飞猛进。再如，有的孩子学数学似乎一窍不通，可在绘画方面却十分有天赋；有的孩子语文学得非常好，可是同样是语言类的科目英语成绩就特别差……所以如果对孩子的现状不太满意，父母也大可不必过于焦虑，更不能对孩子失去信心。坚持带着欣赏的眼光去看孩子，发掘孩子的潜质，鼓励孩子不断进步，相信孩子的未来一定比自己强，终有一天他们会带给我们惊喜。

"孩子，你怎么了？"儿子一进家门便趴在桌子上哭泣，妈妈忙上前问道。

男孩抽泣着说道："我今天……告诉老师……我想当一名歌星，可是老师却说我……说我五音不全，不适合唱歌。"

妈妈听了想了一会儿，抚摩着孩子的头："可是妈妈并不这么觉得，妈妈一直觉得你唱歌很有天赋。"

"真的吗？"男孩抬起头虽然泪眼蒙眬却燃起了生气。

"是呀！"妈妈语气肯定地说，"妈妈听你今天早上唱歌的乐感就比昨天好很多，这说明你一直在进步啊！"

"可是，为什么老师说我不行呢？"男孩擦着眼泪，疑惑地问道。

"老师又不天天和你在一起，不了解你也是正常的，她又不像妈妈这样能天天听你唱歌，对吧？"妈妈耐心地安慰道。

"那倒是……"小男孩若有所思地点了点头。

"还有，老师可能想让你把精力花费在别的方面，怕你唱歌耽误时间，才这么说的。"妈妈轻轻拍了拍儿子的小脑袋说道。

"那我以后就在家里唱，妈妈可以给我当裁判，看我是不是有进步。"男孩开心地笑了起来。

故事中的孩子长大后成了一名著名的歌剧演唱家，他的名字叫恩瑞哥·

卡素罗。卡罗素回忆自己成功的经历时，他说，正是有了母亲对自己的肯定和信任，他才能拥有骄人的成绩。也许当时他的母亲并没有对他成为歌唱家抱有幻想，但是那几句安慰的语言、那赞赏的目光、那鼓舞人心的信任改变了他的命运，造就了一个伟大的歌唱家。

信任孩子不是嘴上说说就算了，真正的信任应该是发自内心的、贯彻在言行举止之中的。信任孩子就应该给孩子自由发展的空间，信任孩子就要相信即使孩子不够优秀将来也一定会变得优秀。赏识孩子的优点和长处会让孩子在"我很优秀"的心态中进步；而抱怨孩子的缺点和短处，只会让孩子在"我很差"的意念中逐渐沉沦。所以，要想使孩子变得优秀，就应该真正信任孩子，试着用赏识和尊重代替辱骂和批评，用鼓励和期望代替讽刺和失望。相信每个孩子都会成功，每个孩子都可能是未来的名人！